개구리의 기도 1

ANTHONY DE MELLO, S.J.
THE PRAYER OF THE FROG
A Book of Story Meditations
1st Volume

Copyright © 1988 by Gujarat Sahitya Prakash, Anand, India
All rights reserved

Translated by Mi-Rim Lee
Korean Translation Copyright © 1991 by Benedict Press, Waegwan, Korea
Korean translation rights arranged with
Gujarat Sahitya Prakash, Anand, India

개구리의 기도 1
1991년 7월 초판
2004년 9월 신정판(9쇄)
2019년 8월 14쇄
옮긴이 · 이미림
펴낸이 · 박현동
펴낸곳 · 성 베네딕도회 왜관수도원 ⓒ 분도출판사
찍은곳 · 분도인쇄소
등록 · 1962년 5월 7일 라15호
04606 서울시 중구 장충단로 188(분도출판사 편집부)
39889 경북 칠곡군 왜관읍 관문로 61(분도인쇄소)
분도출판사 · 전화 02-2266-3605 · 팩스 02-2271-3605
분도인쇄소 · 전화 054-970-2400 · 팩스 054-971-0179
www.bundobook.co.kr

ISBN 89-419-0415-1 03200

이 책의 한국어판 저작권은
Gujarat Sahitya Prakash사와의 독점 계약으로 분도출판사가 소유합니다.
저작권법에 의해 한국 내에서 보호를 받는 저작물이므로
무단 전재와 무단 복제를 금합니다.

앤소니 드 멜로

개구리의 기도 1

이미림 옮김

분도출판사

The Prayer of the Frog

머리말 • 13
경고 • 18

기도

- 개구리의 기도 24
- 춤추는 랍비 25 • 발레 기도 26
- 메카 쪽으로 뻗은 발 27
- 열심한 비쉬누 신자의 기도 27
- 발명가 28 • 불이 되어라 29
- 구두 수선공의 기도 30 • 알파벳 기도 31
- 하느님의 전문직은 용서 31
- 나라다와 우유 한 사발 32
- 번번이 도움을 받은 마을 33 • 날씨를 조정하는 기도 35
- 락쉬미 여신의 지연된 응답 36 • 아이들의 기도 37
- 따분하기 짝이 없는 사람 38
- 기도와 기도하는 사람들 39 • 도와 드릴까요? 40
- 둘 다 말하지 않고, 둘 다 듣고 40
- 기도 중의 아크바 황제 42 • 성난 황소 43
- 삶을 받아들이는 기도 44
- 추운 날에는 얼어라 45
- 용과 친구가 되련다 46
- 하느님은 저 밖에 계시다 47
- 수사와 새 48 • 눈가리개를 벗어라 49
- 책상 위에 얹은 발 49 • 숲 교회 50

The Prayer of the Frog

알기

- 54 종교의 기둥들
- 54 세 현자
- 55 사냥꾼의 비행기
- 56 나의 조지 아저씨라고요!
- 56 소문이 만든 기근
- 57 교황의 무언극
- 60 유대인 부인의 결론
- 61 토마토 값
- 62 한 짝만 신은 히피
- 62 땅에 귀를 대고 있는 인디언
- 62 조개의 불운
- 63 어머니의 신원 확인
- 64 물 위를 걷는 개
- 65 카드놀이를 하는 개
- 65 할머니의 침묵
- 66 구도자와 사탄
- 67 술고래 귀에 생긴 물집
- 67 외과 의사의 시험
- 68 목사관 요리사를 처음 만난 목사
- 69 이 떠돌이를 데리고 나가게
- 70 당신들 가운데 한 분이 메시아이시다
- 72 죄수와 개미
- 72 엘 그레꼬의 어둠
- 73 눈먼 랍비

The Prayer of the Frog

종 교

- 기찻길 부근의 기차역 76
- 가마꾸라의 부처님 76
- 도브 베르와 바알 쉠 77 • 타 버린 불상 78 • 볼 수 없는 경전 79
- 사랑한 형제 80 • 하느님께서 메시아를 맡으시겠지 81
- 선택된 백성이 되는 위험 82 • 그 가지를 놓아라 82
- 그 담요를 땅에 내려놓아라 84 • 구두쇠의 기도 85
- 하느님께 바란다는 말은 희망이 없다는 뜻 85 • 신은 누구를 용서하시라고 85
- 자비의 문을 여는 전문가들 86 • 악한을 추적하는 법 86
- 달을 직접 바라보라 87 • 취객과 달 88 • 잃어버린 좌우명 89
- 나는 어디 있나 90 • 스베타케투의 지혜 91 • 메뉴는 먹는 게 아니다 92
- 경도와 위도의 이점 92 • "나"라는 글자 읽기 93 • 큰 계시 93
- 당신은 성직자로군요 94 • 바이올린이래요 95 • 죽은 사람에게 닭국을 96
- 학자가 아닌 자의 자만 96 • 힌두교 현자와 예수 97
- 영적 엘리트 98 • 놀라운 쇄신 99 • 부활한 철학자 99
- 물질은 무엇으로 되어 있나? 100 • 성자가 된 어부 102 • 왕의 꿈 102
- 저는 매춘부가 되고 싶어요 103 • 그리스도인이 된 랍비의 아들 103
- 랍비의 초종파적 소망 104 • 개와 여우 105 • 성당에서 쫓겨난 간디 106
- 성당에 못 들어가시는 하느님 106 • 기도하다가 들키기만 해 봐라! 107
- 자기 구역에서만 울어라 108 • 사탄은 세상을 조직화한다 108
- 십자성호냐 사랑이냐 109 • 발행 허가 109 • 옷 한 벌을 간직하려고 110
- 구명소 111 • 과일 계명 113 • 낙하산병 114
- 소총 개머리에 호두나무를 쓰는 이유 115
- 철도 규정 116 • 전화 교환 규정 116 • 저녁은 여섯 시에 준비되어 있어야 117
- 다이아몬드를 발견한 나스룻딘 118 • 두 가지 안식일 119 • 조심, 조심 121

The Prayer of the Frog

은총

126 세 구명보트에 담긴 섭리
127 지님과 버림
128 지진과 차
128 야, 우리가 저 다리를 흔들었잖아!
129 노부인과 수탉
130 네가 낙타를 매어 놓아라
130 주님과 당신은 동업자구려
131 옷을 지켜 준 하산
131 사막에서의 하느님의 도우심
132 산부인과 대기실의 아버지들
132 이사회의 문병 결의
133 여기가 미국이란 걸 잊지 마세요
133 일꾼을 더 쓰세요
133 열매가 아니라 씨앗을
134 복권을 사야지
135 모차르트의 충고
135 80세 노인의 스태미너
136 하느님의 골프
137 배관공과 나이아가라 폭포

The Prayer of the Frog

성인

- 소방차의 브레이크 고장 140
- 품팜프톤 아씨 141
- 거룩한 그림자 141
- 폴 세잔느 143 • 숨후티와 비움 143
- 거룩한 랍비의 겸손 144
- 존경받는 노사제의 자백 145
- 침묵을 깬 네 수사 146
- 조이는 후광 147 • 남작보다 나은 것 148
- 자기를 죄인이라고 생각하는 사람 148
- 독신자의 벌 149
- 하느님 생각과 미인 생각 150
- 간장을 마신 스승 150
- 용을 보고 달아난 니스테루스 151
- 롱기누스의 치유 방법 151
- 기적들을 숨긴 바하우딘 152
- 라일라와 라마 153 • 욕심쟁이 스님 154
- 목사와 랍비와 사제 156
- 주교의 욕설 156 • 마음 좋은 단잔 157
- 바닷가에서 유리 조각을 줍는 노부인 159
- 재주넘기하는 고행자 159
- 아무도 나쁘게 생각하지 않는 사제 160
- 린자이 선사의 너털웃음 160
- 행동에서 웃음까지 161
- 예수 그리스도의 자백 162

The Prayer of the Frog

자기

- 166 자아의 신비
- 166 가장 훌륭한 현대 발명
- 166 수도승과 자아
- 167 구루와 악어
- 168 천사로 변장한 사탄
- 169 되게 잘도 치네!
- 169 어머니냐 여자 친구냐?
- 169 실은 아직 여든다섯 살
- 170 수탉과 말
- 171 코끼리와 벼룩
- 172 일꾼과 합창단
- 172 창문 닦는 사람
- 172 과학자의 흠
- 173 터번 위의 거미집
- 174 내 것이다!
- 175 종틀 만드는 비결
- 177 마루프 카르크히는 누구인가
- 177 너는 누구냐
- 179 누가 히피인가
- 179 영어로 된 빈 테이프
- 180 꽃이 아니라 자기를 버려라
- 181 그릇과 내용물
- 182 우다라카의 교훈

The Prayer of the Frog

사랑

- 자네가 꼭 올 줄 알았네 186
- 수혈 186 • 가족들의 사랑 187
- 사람들이 제일 먼저 구하는 것 188 • 장례식 때 흘린 눈물 188
- 타는 공장 때문에 흘린 눈물 189 • 바지냐 여자 친구냐 189
- 우리가 다른 사람 안에서 좋아하는 것 189 • 운 좋은 딸과 운 나쁜 아들 190
- 그 여자가 원하는 것은 저뿐입니다 190 • 애인과 비싼 시계 191
- 거북 씨를 위한 장례식 191 • 코가 까맣게 된 불상 192
- 사랑을 강요하는 프리드리히 왕 193 • 도망간 남편 194
- 함께 묶인 개 195 • 노예한테 매인 공주 195
- 부모님이 도망가실까 봐 196 • 강아지한테 감사를 197
- 잔디밭의 두꺼비 197 • 혁명이 일어나면 198
- 하느님을 증오하는 거지 199 • 죄를 잊어버리시는 하느님 199
- 난쟁이 요한 200 • 불평하는 엄마한테 선물을 200
- 마음이 먼저 산에 201 • 예레미야와 모루 201
- 알 마문의 말 202 • 망고나무를 심는 뜻 203
- 길에 놓인 돌 204 • 낮과 밤을 어떻게 아나 204
- 찰스 램의 편견 205 • 몰래 봉사하는 랍비 205
- 간디의 선물 206 • 못 쓰는 동전 206
- 그 여자는 가족이 없지요 207
- 아나스타시우스와 도둑맞은 성경 책 208
- 스승한테 매 맞은 시인 209
- 스승의 인내 210
- 얽힌 팔다리들 212

The Prayer of the Frog

진리

216 인생은 차 한 잔처럼 •
216 가벼운 선고 •
217 사제에게는 나이 든 가정부를 •
217 첫아이의 이름 짓기 • 218 자전거 값 •
218 노동자의 동기 • 219 아기 곰 이론 •
220 내 입김을 마음대로 가져다 쓰게 •
220 오케스트라 지휘자의 요구 •
221 "문제란 없다 ─ 기회가 있을 뿐" •
221 미국으로 이민간 영국인의 이점 •
222 러시아의 겨울 때문에 • 222 박사 남편의 사랑 •
223 말 한 마리에 닭 한 마리 • 224 남자 2%와 여자 100% •
224 아내는 생쥐를 무서워한다 • 224 세계에서 가장 위대한 사람 •
225 노령에서 오는 다리 통증 • 225 핑팅이 불을 가지러 오는구나 •
226 현자의 대답 • 227 선실에서 보이는 등대 •
228 10년 내내 같은 나이 • 228 나는 외국인이 아니다 •
228 연극은 성공, 관객은 실패 • 229 중국에서 새들이 울더라 •
230 개구리와 바다 • 231 깊은 함정 위의 줄타기 •
232 진리는 집안일에서 • 233 너는 내 골수를 지녔다 •
234 휘닝이 후계자인 이유 • 234 판사를 헷갈리게 하지 마라 •
235 구도자의 가슴을 두드리는 소리 • 236 출판사의 원고 거절 •
236 누가 리드하는 파트너냐 • 237 자넨 캘커타로 가잖아 •
237 시궁창에 빠진 취객 •
238 아버지, 제가 돌아왔습니다 •
239 교통사고 피해자의 아버지 •

머리말

내가 마음에 간직하고 있는 앤소니 드 멜로에 대한 첫 이미지는 30년 전으로 거슬러 올라간다. 그러니까 바로 로나블라에서, 훨씬 후에 사다나 사목원이 된 바로 그 집에서였다.

그때 앤소니는 예수회 신학생으로서, 수련을 갓 마친 젊은이들을 가르치는 일을 맡고 있었다. 그 그룹 전체가 짧은 휴가 동안에 성 스타니스라우스 빌라에 왔었다. 나는 앤소니가 그 주니어 그룹 ― 우리는 그들을 그렇게 불렀다 ― 과 함께 부엌 앞에 있는 나무 밑에 앉아 그날 식사에 쓸 채소를 다듬으면서, 무진장 들어 있는 이야기보따리를 풀어 감수성이 퍽 예민한 그 청중들을 즐겁게 해 주던 일이 생각난다.

그 이래로 우리 모두 많은 일들을 겪었고, 앤소니 자신도 성장과 변화에 있어서, 신선한 자신감과 새로운 관심들을 가지게 되는 데 있어서, 그리고 효과적인 봉사를 하는 데 있어서 수없이 많은 단계들을 거쳤다. 그런데 사실 그는 언제나 뛰어난 이야기꾼이었다. 그가 말한 일화들 가운데 어느 하나도 자신이 만든 이야기는 없었다. 또 어떤 이야기들은 특별히 그럴듯한 이야기도 아니었다. 그러나 일단 그의 입에 오르면 의미 있고 적절한 이야기가 되면서 생기를 띠었다. 그러기에 그가 어떤 주제를 다루든 그 주제가 살아났고 주의를 사로잡았다.

그리고 이제 그가 우리에게 준 작별의 선물은 그의 다른 베스트셀러들과 같은 반열에 들 것이 분명한 『개구리의 기도』다. 그는 자신이 쓴 글에 관해서는 느긋하게 이야기하는 편이었으나, 자기 글들을 분류해서 배열한 것을 편집하는 데 있어서는 대단히 꼼꼼했다. 미국행 비행기를 타기 전에 그가 인도에서 마지막으로 한 일은 편집장과 세 시간 이상이나 자기 원고를 세밀히 검토하는 일이었다. 나는 그 원고는 못 보았지만, 그의 마지막 관심에 관해서는 알고 있다.

그 일이 있었던 것은 1987년 5월 30일 저녁이었다. 그리고 6월 2일, 그는 뉴욕의 머물던 방에서 심장마비를 일으켜 바닥에 쓰러져 숨져 있는 것이 발견되었다. 그 사이에 그는 시간을 내어 한 가까운 친구에게 긴 편지를 썼는데, 그 편지에서 그는 그전에 체험한 일들에 관해 이야기하면서 이렇게 말했다.

"그 모든 것은 다른 시대에 그리고 다른 세상에 속하는 것 같아. 나는 내 모든 관심이 이제는 뭔가 다른 것에, '영혼의 세계'에 집중되어 있다는 걸 알고 있다. 그리고 그 밖의 다른 모든 것은 아주 하찮고 매우 무관한 일들처럼 보인다. 과거에 퍽도 중요했던 것들이 더 이상 중요하게 여겨지지가 않아. 불교 스승이신 아찬 차의 가르침 같은 것들이 내 모든 관심을 다 빼앗는 것 같고, 나는 다른 것들에 관한 맛을 잃어 가고 있다. 이것이 하나의 환상일까? 모르겠어.

그러나 일찍이 내 생애에서 이처럼 행복하고 이처럼 자유롭게 느껴 본 적이 없었어. …"

이 편지는 56번째 생일을 석 달 앞두고 그처럼 갑작스럽게 우리 곁을 떠나기 전 마지막 단계에서의 앤소니의 모습을 있는 그대로 — 그리고 정말이지 다른 사람들이 그에게서 느꼈던 바를 — 거의 그대로 요약하고 있다. 그리고 이제 그를 둘러싸고 자라고 있는 일련의 문학이, 즉 세계 여기저기 흩어져 있는 다양한 사람들의 증언들로 이루어진 하나의 진실된 값진 전설이 이미 존재하고 있다. 제법 많은 사람들이 그를 만난 적은 없으나 그의 책을 읽고 깊은 영향을 받았다고 말했다. 어떤 이들은 그와 깊은 관계를 맺는 특권을 즐겼다. 그런가 하면 어떤 이들은 그가 한 말의 마력을 잠시 체험했을 뿐이다.

그가 말하거나 행한 모든 것을 다 받아들이고 따른 사람들은 그리 많지 않을 것이다 — 특히 그가 영적 모험의 기존 경계선을 넘어선 후에는. 게다가 앤소니 자신도 사람들이 유순하게 따라올 것을 기대하기보다는 차라리 그 반대였다. 그렇듯 많은 사람들이 그의 인품과 아이디어에 매력을 느끼는 것은 바로 그가 모든 사람에게 의문을 갖도록, 탐구하도록, 조립식으로 이루어진 사고와 행위에서 벗어나며 판에 박힌 틀에서 떠나도록, 그래서 과감히 참된 자기가 되도록 — 요컨대 늘 더 완전한 진정성을 추구하도록 도전하고 있기 때문이다.

진정성에 대한 치열한 추구 — 그러기에 앤소니의 비전은 어떤 시각, 어떤 맥락에서나 마주치게 된다. 그리고 이것은 그의 다채로운 성품에나 득유의 내력과 힘있는 온전함, 하나의 총체성을 지니게 해 주었다. 즉, 상반되는 요소들을 긴장 속에서가 아니라 하나의 조화 있는 어울림이 되게 하면서 화해시켜 주고 있었던 것이다.

그는 언제고 친구를 사귀고 나눌 준비가 되어 있었는데도 사람들은 그에게는 자기들이 미칠 수 없는 어떤 차원이 있음을 느꼈다. 그는 여러 사람이 모인 데서는 떠들썩하게 굴며 고약한 농담들을 과시하기도 했지만, 그가 뚜렷한 목적을 갖고 끝까지 진지하게 나가는 것을 아무도 의심할 수가 없었다. 그는 살아오면서 퍽도 많이 변했다 — 매우 많은 면에서. 그리고 그럼에도 불구하고 그의 성품에는 확고히 제자리를 지키고 있는 불변의 정수定數들이 있었다.

이 면에 있어서 한 두드러진 예는 예수회 회원으로서의 그의 서약이다. 그는 성 이냐시오의 독창적인 고안에 따른 영성 훈련을 열렬하게 권장하는 선에서 머물지 않고 훨씬 더 발전시켜 나아갔다. 바로 그 추진력 때문에 그는 처음에 국제적으로 인정을 받게 되었다. 사실 마지막에 가서 그는 이냐시오 영성이라고 알아볼 수 없을 정도로 거기서 벗어나 있었다. 그러나 그는 결코 예수회 회원으로서의 자신의 신분을 포기하지 않았다. 이 점에 있어서 분명 강제성은 없었다 — 어쩌면 별로 이유를 따져 보지도 않았을 것이다. 그건 오직 그가 이냐시오 성인을 이해하고 있었기에, 그 성인의 정신과 마음과 너무도 일치되는 것을 느꼈기 때문이었으리라.

1983년 그가 인도의 예수회 관구장들에게, 그들과 그 자신이 지난번 예수회 총회에 가기 전에 한 어느 강론에서, 그는 이냐시오에 대해 통찰한 바를 한 가지 나누었는데, 그것은 오히려 앤소니 자신을 드러내 보여 준 이야기이기도 했다.

"우리의 초기 교부들 가운데 전해 내려오는 전승이 하나 있습니다. 그것은 하느님께서 이냐시오에게 천부의 재능을 주셨는데, 하느님께서는 그 은총을 예수회 전체와 예수회 회원 개개인을 생각해서 주셨다고 합니다. 저더러 이냐시오 성인께서 지니셨던 그 많은 카리스마 중에서 저 자신과 오늘날 우리 예수회를 위해 선택하라고 한다면, 저는 조금도 주저하지 않고 다음의 세 가지를 선택하겠습니다. 그분의 관상과 그분의 창의성과 그분의 용기를."

1987년 9월 14일
파르마난다 R. 디바르카르
(예수회 신부)

──────경 고

인간의 마음은 **진리**를 추구하고 있고, 그 안에서만 자유와 환희를 찾을 수 있건만, 진리에 대한 사람들의 첫 반응이 일종의 적대감과 두려움이라는 것은 참으로 큰 신비다. 그러기에 부처나 예수 같은 인류의 영적 스승들은 청중이 느끼게 될 저항감에 선수를 쳐서 이야기하는 방법을 고안해 냈다. 언어가 지닌 가장 매혹적인 말은 "한 옛날에 …"라는 말임을 알고 있었던 것이다. 한 진실에 대항하기는 예사롭지만, 이야기 하나를 물리치기는 불가능하기 때문이다. 『마하바라타』의 저자인 비샤는, 이야기 하나를 주의 깊게 듣는다면 당신은 결코 다시 전과 같이 될 수 없으리라고 했다. 그렇기 때문에 그 이야기는 당신 마음속으로 서서히 들어가서 저 거룩함을 방해하는 장벽들을 무너뜨릴 것이다. 비록 이 책에 있는 이야기들을 그저 재미로 읽는다 하더라도, 어쩌다 읽은 이야기 하나가 당신의 수비망을 살짝 뚫고 들어가, 거의 기대하지 않은 순간에 그 수비망을 폭발시키지 말라는 법은 없다. 따라서 당신은 이미 경고를 받은 것이다!

만일 당신이 깨우침을 얻기 위해서 어리석어질 정도로 용기가 있다면 이렇게 해 보라고 제안하겠다.

이야기 하나를 마음속에 품고 다니다가 한가한 때에 그 이야기를 음미할 수 있게 하라. 그렇게 하면 그 이야기로 하여금 당신의 무의식을 움직여 그 숨은 뜻을 드러내 보일 기회를 주게 될 것이다. 그렇게 되면 어떤 사건이나 상황을 환히 비추어 보아야 할 바로 그때, 전혀 뜻밖에도 그 이야기가 통찰력을 지니게 해 주고, 당신을 내적으로 치유해 주는 것을 보고서 놀라게 될 것이다. 그때서야 당신은 이 이야기를 접함으로써, 당신 자신 이외에는 아무 구루(힌두교 스승)도 필요 없는 깨달음에 관한 강좌 하나를 청강하고 있었다는 것을 깨닫게 될 것이다.

이 이야기들 하나하나가 진리에 대한 계시인만큼, 그리고 진리란 큰 글자로 썼을 때는 당신에 대한 진실을 뜻하는 것이니만큼, 이야기 하나를 읽을 때마다 반드시 오로지 스스로를 더 깊이 이해하게 되길 바라면서 읽도록 하라. 이를테면 의학 책을 읽는 식으로, 즉 자기한테 그런 증세 가운데 어떤 게 있지나 않나 하고 읽듯이. 심리학 책을 읽는 식으로, 즉 친구들이 전형적인 실례가 된다고 생각하며 읽듯이 하지 말고. 당신이 다른 사람을 들여다보게 되길 바라는 유혹에 빠진다면, 그 이야기들은 당신에게 해롭게 될 것이다.

물라(이슬람교 스승) 나스룻딘은 진리에 대한 사랑이 어찌나 열렬했던지, 코란 학자들을 찾아서 여러 차례 먼 여행을 했고, 장터에서 자신의 신앙에 관한 진리들에 대해 토론할 때 이교도들을 끌어들이기를 조금도 주저하지 않았다.

  어느 날 그의 아내는 그가 아내를 얼마나 부당하게 대했는지 그에게 말했다 — 그러고는 자기 남편이 그런 종류의 진리에 대해서는 도대체 관심조차 없는 것을 발견했다!

중요한 것은 그런 종류의 진리뿐이다.
우리 가운데 학자와 공상가들이,
그가 수도자이든 속세인이든,
우리들의 이론과 독단적인 주장들을 위해 쏟는
그런 열정을 자신을 아는 데 쏟는다면
정녕 우리 세상은 딴 세상이 될 것이다.

"훌륭한 강론입니다" 하고 그 본당 교우는 사제의 손을 잡고 아래위로 크게 흔들면서 말했다. "신부님 말씀 모두가 제가 아는 어떤 사람에게 아니면 또 다른 사람에게 꼭 들어맞는 말입니다."

어떤가?

지 시

이 책에 실린 이야기들은 배열된 순서대로 읽는 것이 가장 좋다. 한 번에 하나나 둘 이상은 읽지 말도록 ― 그러니까 이야기를 읽고서 재미나 느끼기보다는 뭔가 그 이상의 것을 얻고자 한다면.

주 의

이 책에 실린 이야기들은 여러 다양한 나라와 문화·종교에서 모은 이야기들이다. 이 이야기들은 인류의 영적 유산 ― 그리고 민중 해학 ― 에 속한다.

   저자가 한 일이란, 한 특정한 목적을 마음에 두고 그 이야기들을 한데 엮은 것뿐이다. 저자의 작업은 직조와 염색 작업이었다. 옷감과 실에 대해서는 전혀 아무 공로도 없다.

개구리의 기도

기 도

브루노 수사는 어느 날 밤기도를 하고 있다가 개구리 한 마리가 개굴개굴 울어 대는 소리에 분심이 되었다. 그 소리를 무시하려고 애를 써 보았으나 모두 헛일이었다. 그래서 그는 창문을 열고 외쳤다.

"조용히 해라! 기도 중이다."

브루노 수사는 성인이었기에 그의 명령은 즉각 실행되었다. 기도하기에 좋은 고요한 분위기를 만들기 위해 삼라만상이 잠자코 있게 되었던 것이다.

그러나 이제는 또 다른 소리가 브루노 수사의 기도를 방해했다 — 내심의 목소리가 말했다.

"어쩌면 하느님께서는 네가 시편 노래하는 것을 기뻐하시듯이 저 개구리가 개굴개굴 우는 소리를 기뻐하실지도 모르지."

"개구리 우는 소리가 하느님 귀에 듣기 좋으실 게 뭐야?" 하고 브루노 수사는 비웃으며 대꾸했다. 그러자 그 목소리는 포기하려 들지 않았다.

"하느님께서 왜 그 소리를 만들어 내셨다고 생각하느냐?"

브루노 수사는 이유를 찾아내기로 결심했다. 그는 창문 밖으로 몸을 내밀고 명령했다.

"노래해라!"

그러자 그 개구리가 박자에 맞춰 개굴개굴 우는 소리가 밤하늘을 메우더니 근처에 있던 모든 개구리들의 우스꽝스러운 반주에 맞추어 울려 퍼졌다. 그리고 브루노 수사가 그 소리를 주의 깊게 들었을 때, 그 소리들이 이제는 방해가 되지 않았다. 안 들으려고 애쓰지 않는다면, 그 소리들은 오히려 밤의 고요를 짙게 해 준다는 것을 알게 되었기 때문이다.

그것을 알고 나자 브루노 수사의 마음은 삼라만상과 조화를 이루게 되었고, 난생 처음으로 기도한다는 것이 무엇을 의미하는지를 이해했다.

하씨딤 이야기

러시아의 어느 작은 마을에 사는 유대인들이 한 랍비(유대교 스승)가 도착하기를 고대하고 있었다. 이런 일은 좀처럼 드문 일이었기에, 그들은 그 성자에게 물어볼 질문들을 준비하느라고 많은 시간을 보냈다.

마침내 랍비가 도착했고 사람들은 랍비를 맞이하여 마을 회관으로 모셨다. 랍비는 그들의 분위기에서 긴장감을 느낄 수 있었다. 모두들 랍비의 대답을 들으려고 단단히 준비하고 있었다.

랍비는 처음에 아무 말도 하지 않았다. 그냥 그들의 눈을 빤히 바라보고만 있더니, 쉽게 잊을 수 없는 멜로디 하나를 콧노래로 흥얼거렸다.

그러자 이내 모두들 함께 그 콧노래를 흥얼거리기 시작했다. 그는 노래를 부르기 시작했고, 그들도 따라서 노래를 불렀다. 그리고 그는 엄숙하게 박자를 맞추어 스텝을 밟고 몸을 흔들면서 춤을 추었다. 회중도 그대로 따라 했다. 이내 그들은 그 춤에 너무 열중해서 그 움직임에 완전히 동화된 나머지 세상의 모든 다른 것들에 대해서는 까맣게 잊어버렸다. 그래서 군중 속의 모든 사람들은 온전히 하나가 되었고, 저 진리로부터 우리를 떨어져 있게 하는 분열에서 치유되었다.

춤이 점점 느려지면서 완전히 멈추기까지는 거의 한 시간이 걸렸다. 내적 존재가 지녔던 긴장감을 다 내보내고서, 모두들 방안에 충만한 그 고요한 평화 속에 조용히 앉았다.

그러자 랍비는 그날 밤 말했던 이 단 한 마디 말을 했다.

"이로써 내가 여러분의 질문에 답변을 했다고 믿습니다."

한 이슬람교 탁발승이
왜 그는 춤을 통해
신께 예배를 드리느냐는 질문을 받고서
이렇게 대답했다.

"신을 예배하는 것은 자기自己에 죽는 것을 뜻하기 때문이지요.
춤추는 것은 자기를 죽입니다.
자기가 죽으면 그와 더불어 모든 문제가 죽습니다.
자기가 없는 곳에는 사랑이 있습니다.
하느님께서 계십니다."

스승은 제자들과 함께 청중 속에 앉아 있었다.

"여러분은 기도를 많이들 들었고, 기도를 많이들 했습니다. 오늘 밤에는 여러분이 기도를 하나 보기 바랍니다."

그 순간에 막이 오르며 발레가 시작되었다.

한 수피 성자가 메카로 순례를 떠났다. 그 도시 변두리에서 그는 여행에 지쳐 길 옆에 누웠다.

가까스로 잠이 들었을 때, 어떤 화가 난 순례자가 그를 깨우며 퉁명스럽게 말했다.

"지금은 모든 신자들이 메카를 향해 머리를 숙여 절하는 시간이오. 그런데 당신은 거룩한 성지 쪽으로 발을 뻗고 있지 않소. 도대체 엉터리 회교도로군?"

수피는 꼼짝도 않은 채 눈만 뜨고 말했다.

"내 발을 주님 쪽으로 향하지 않는 데로 좀 놓아 주시겠소?"

비쉬누 주님을 섬기는 어느 열심한 신자의 기도

"주님, 제가 세 가지 큰 죄를 범했으니 용서를 청합니다.
첫째, 저는 어디에나 계시는 당신의 현존을
         알아차리지 못하고, 당신의 많은 성지로
         순례를 갔었습니다.
둘째, 당신은 제가 잘사는 것에 대해 저보다 더
         마음을 쓰신다는 것을 잊어버리고 자주
         당신께 도와주십사고 외쳤습니다.
셋째, 우리 죄는 우리가 범하기도 전에 이미
         용서되었다는 것을 알면서도,
         이렇게 용서를 청하고 있습니다."

어느 발명가가 여러 해에 걸쳐 연구한 끝에 불을 만드는 기술을 발견하였다. 그는 연장들을 들고 눈 덮인 북부로 가서, 어느 부족한테 불을 만드는 기술과 불을 만들 때에 유리한 점을 가르쳐 주었다. 사람들은 이 신기한 기술에 너무나 정신이 팔려서, 어느 날 말도 없이 슬그머니 사라져 버린 그 발명가에게 감사할 생각조차 하지 못했다. 위대함을 부여받은 그런 드문 인간 중의 하나였던 그는, 기억되거나 존경받고자 하는 열망이 전혀 없었다. 그가 추구한 것이라고는 누군가가 자신이 발명한 것 때문에 덕을 보았다는 것을 아는 그 만족감뿐이었다.

그가 찾아간 두 번째 부족도 첫 번째 부족처럼 열심히 배우고 싶어 했다. 그러나 사람들이 그에게 매달리자, 그 지방 사제들이 그 낯선 이를 시기하여 암살했다. 그들은 그 범죄에 대해 어떤 의혹도 생기지 않게 하기 위해서 신전 중앙 제단에다 그 위대한 발명가의 초상화를 소중히 모셔 놓았다. 그리고 예식서를 하나 만들어 그의 이름을 높이 받들어 우러르고 그에 대한 기억이 살아 있게 했다. 그리고 그 예식서의 법규가 단 하나라도 변경되거나 삭제되는 일이 없도록 세심한 주의를 기울였다. 불을 만드는 기구들은 작은 상자 안에 잘 모셔 두었고, 믿음을 지니고 거기에 손을 얹는 사람은 모두 치유될 것이라고 선포했다.

그리고 대사제가 직접 그 발명가의 생애를 편집하는 일을 맡았다. 이 책은 거룩한 책이 되었으며, 그 책에서 그의 사랑 어린 친절함은 모두가 본받아야 할 본보기로 제시되었고, 그의 영광스런 행위가 찬양되었으며, 그의 초인적 품성은 하나의 신조로 되어 있었다. 사제들은 그 책이 후대까지 전해져야 할 것을 깨닫고서, 그가 한 말들의 뜻을 그리고 그의 거룩한 삶과 죽음의 의미를 권위 있게 해설했다. 그리고 그들의 교리에서 벗어나는 사람은 누구든 가차없이 죽이거나 내쫓았다. 사람들은 이런 종교적 업무에 너무도 매여 있었기에 불을 만드는 기술은 완전히 잊어버리고 말았다.

사막 교부들의 삶에서

롯 압바가 요셉 압바를 찾아와서 말했다.
"사부님, 저는 제가 할 수 있는 데까지
힘껏 작은 규칙도 지키고,
단식을 조금 하고, 기도와 묵상을 하고,
관상에 잠기며 침묵을 지키고,
되도록 나쁜 생각이 안 들게
마음을 깨끗이하며 지냅니다.
이제 제가 무엇을 더 해야 하겠습니까?"
스승은 대답하려 일어섰다.
그가 하늘을 향해 두 손을 뻗치자
손가락들은 활활 타오르는 열 개의 횃불처럼 되었다.
스승은 말했다.
"이거다. 완전히 변해서 불이 되리라."

한 구두 수선공이 게르의 이삭 랍비를 찾아와서 말했다.

"제가 아침기도 시간을 어떻게 지키면 좋을지 말씀해 주십시오.

저의 고객들은 가난한 사람들이라서 구두가 한 켤레씩밖에 없습니다. 그래서 저는 그 사람들의 구두를 저녁 늦게야 받아 가지고 거의 밤새도록 고칩니다. 새벽녘이 되어서도 아직 할 일이 남아 있지요. 그 사람들이 일하러 가기 전에 구두를 준비해 놓아야 하니까요. 그래서 여쭙는 겁니다.

제가 아침기도를 어떻게 해야 되겠습니까?"

"지금까지는 어떻게 했나요?" 랍비가 물었다.

"어떤 때는 기도를 빨리 해 버리고는 다시 일을 합니다. 그런데 그러고 나면 마음이 언짢습니다.

또 어떤 때는 기도 시간이 그냥 지나가 버리게 합니다. 그러고 나도 또 뭔가 허전하게 느껴지고요.

그래서 구두에서 망치를 들어 올릴 때면, 이따금 제 가슴이 이렇게 한숨 쉬는 소리를 거의 들을 수 있답니다.

'나는 얼마나 불행한 자인가, 아침기도조차 할 수 없으니.'"

랍비가 말했다.

"내가 만일 신이라면, 나는 아침기도보다 그 한숨을 더 값지게 여길 겁니다."

하씨딤 이야기

어느 날 밤 늦게 시장에서 집으로 돌아가던 한 가난한 농부가 기도책이 없는 것을 알아차렸다.

그런데 마차 바퀴가 바로 숲 속 한가운데서 빠져 달아나고 말았다. 그는 이날 하루가 기도를 바치지 않은 채 지나가야 한다는 것에 마음이 아팠다.

그래서 그는 이런 기도를 바쳤다.

"저는 아주 바보 같은 짓을 했습니다, 주님. 아침에 집을 나설 때 기도책을 안 갖고 나왔는데, 워낙 기억력이 없어서 기도책 없이는 한 기도문도 못 외우겠습니다. 그래서 이렇게 하려고 합니다.

제가 천천히 알파벳을 다섯 번 외울 테니까, 모든 기도를 다 알고 계시는 당신께서 그 글자들을 한데 붙여서 제가 기억할 수 없는 그 기도문들을 만드십시오."

그런데 주님께서 천사들에게 말씀하셨다.

"오늘 내가 들은 모든 기도 중에 이 기도가 의심할 여지 없이 가장 좋은 기도였다.

그 기도는 단순하고 진실한 마음에서부터 나왔으니까."

가톨릭 신자들은 사제에게 죄를 고백하고, 하느님께서 용서하신 표시로 사죄를 받는 것이 관례가 되어 있다. 그런데 고해자들이 너무 자주 이것을 하느님의 징벌을 막아 주는 무슨 보증서나 자격증처럼 사용하게 되고, 따라서 하느님의 자비보다는 사제의 사죄를 더 신뢰하게 될 위험성이 있다.

이것은 중세기의 이탈리아 화가 뻬루기니가 죽어 갈 때 해 보려 했던 일이다. 그는 자기가 겁이 나서 벌을 안 받으려고 고해성사를 보고자 하는 생각이 드는 그런 동안에는 아예 성사를 보지 않겠다고 결심했다. 그거야말로 하느님께 대한 모독이겠기에.

그 화가의 내적 상태에 관해 아무것도 모르고 있던 그의 부인이 한번은 고해성사를 안 보고 죽는 것이 두렵지 않으냐고 묻자 뻬루기니는 대답했다.

"이런 식으로 생각해 보구려, 여보. 내 전문직은 그림 그리는 것이고, 난 화가로서 뛰어났었소. 하느님의 전문직은 용서하시는 것인데, 그분께서 내가 내 전문직을 잘해 왔듯이 당신 일을 잘하신다면 내가 겁내야 할 까닭이 없지 않소."

인도의 현자 나라다는 하리 주님을 섬기는 열심한 신자였다. 그는 신심이 어찌나 돈독하던지, 어느 날 온 세상에서 자기보다 신을 사랑하는 사람은 아무도 없다고까지 생각하고 싶은 유혹을 느끼게 되었다.

주님께서 그의 마음을 읽으시고 말씀하셨다.

"나라다, 갠지스 강변 마을에 가서 거기 사는 나의 열심한 신자를 만나라. 그와 더불어 사는 것이 네게 유익할 것이다."

나라다는 가서 한 농부를 만났는데, 그는 아침 일찍 일어나서는 하리의 이름을 단 한 번 부른 다음 쟁기를 메고 들에 나가서 온종일 일했다. 그리고 밤에 잠들기 직전에 하리의 이름을 다시 한 번 불렀다. 나라다는 생각했다.

"어떻게 이 시골뜨기가 신을 열심히 섬기는 자란 말인가? 내가 보니 온종일 세상 일에만 골몰하고 있는데."

그러자 주님께서 나라다에게 말씀하셨다.

"사발에 우유를 넘치도록 가득 담아 들고 시내를 다 돌아다녀라. 그런 다음 한 방울도 흘리지 말고 돌아오너라."

나라다는 말씀하신 대로 했다.

"시내를 돌면서 걷는 동안 너는 나를 얼마나 자주 생각했느냐?" 주님이 물으셨다.

"한 번도요, 주님" 하고 나라다는 말했다. "우유 사발을 지켜보라고 명령하셨는데 어떻게 주님을 생각할 수 있었겠습니까?"

주님께서 말씀하셨다.

"그 그릇이 네 정신을 모두 앗아가서 너는 나를 까맣게 잊었었구나. 하지만 저 농부를 봐라. 한 가족을 부양해야 할 짐을 진 저 농부는 매일 나를 두 번씩이나 기억하지 않느냐?"

그 마을 사제는 거룩한 사람이어서 사람들은 어려운 일이 생기면 그에게 호소했다. 그러면 그는 숲 속에 있는 어떤 특정한 장소로 물러가서 어떤 특정한 기도를 바쳤다. 하느님께서는 언제나 그의 기도를 들어주셨고, 그 마을 사람들은 도움을 받았다.

그가 세상을 떠나자 사람들은 어려운 일이 생기면 그 사제의 후임자에게 호소했다. 그는 거룩한 사람은 아니었으나 숲 속에 있는 그 특정한 장소와 특정한 기도에 대한 비밀을 알고 있었다. 그래서 그는 말했다.

"주님, 당신은 제가 거룩한 사람이 아니라는 걸 아십니다. 하지만 그렇다고 마을 사람들의 기도를 안 들어주시는 일이야 없으시겠지요? 제 기도를 들으시고 우리를 도와주십시오."

그래서 하느님께서는 그의 기도를 들어주셨고 마을 사람들은 도움을 받았다.

그가 세상을 떠나자 사람들은 어려운 일이 있으면 그의 후임자에게 호소했다. 그는 그 특정한 기도는 알고 있었으나 숲 속에 있는 그 특정한 장소는 몰랐다. 그래서 그는 말했다.

"장소가 무엇이 중요하겠습니까, 주님? 어디나 다 당신 현존으로 거룩하지 않습니까? 제 기도를 들으시고 우리를 도와주십시오."

그리고 다시 한 번 하느님께서는 그의 기도를 들어주셨고 마을 사람들은 도움을 받았다.

이제 그도 세상을 떠났고 사람들은 어려운 일이 생기면 그의 후임자에게 호소했다. 그는 그 특정한 기도문도 숲 속에 있는 그 특정한 장소도 알지 못했다. 그래서 그는 말했다.

"주님, 당신께서 소중히 여기시는 것은 그 기도문이 아니라 절망 속에서 부르짖는 마음의 외침입니다. 제 기도를 들으시고 우리를 도와주십시오."

그래서 다시 한 번 하느님께서는 그의 기도를 들어주셨고 마을 사람들은 도움을 받았다.

이 사람이 세상을 떠나자 사람들은 어려운 일이 생기면 그의 후임자에게 호소했다. 그런데 이 사제는 기도보다는 돈을 더 필요로 했다. 그래서 그는 하느님께 말씀드렸다.

"도대체 당신은 무슨 신이 그러십니까? 당신께서 손수 일으켜 놓으신 문제들을 완전히 해결할 수 있으시면서도 우리가 굽실거리고 구걸하고 애원하기까지는 그저 손가락 하나도 까딱 안 하려 드시니 말입니다. 좋습니다, 그 사람들을 당신 좋으실 대로 하십시오."

그러고는 그는 하고 있던 일이 무엇이든 간에 즉시 그 일을 하러 갔다. 그리고 또다시 하느님께서는 그의 기도를 들어주셨고 마을 사람들은 도움을 받았다.

열성적 정원사인 한 노부인이 단언하기를 자기는 과학자들이 언젠가는 날씨를 조정하는 법을 터득하게 되리라는 예언에 관해 아무것도 믿지 않는다고 했다. 그 부인에 따르면, 날씨를 조정하기 위해 필요한 것은 오직 기도뿐이라는 것이다.

그런데 어느 여름에, 그 부인이 해외 여행을 떠난 사이에, 그 지역에 가뭄이 들어 부인의 정원을 전부 못 쓰게 만들었다. 그 부인은 돌아왔을 때 너무나 속상해서 종교를 바꿔 버렸다.

그 부인은 자신의 어리석은 신념을 바꿨어야 했다.

우리의 기도는 제때에 응답되지 않으면
응답을 받게 되어도 도움이 되지 않는다.

고대 인도에서는 베다 예식을 매우 중요시했다. 그 예식은 청원할 때 매우 과학적으로 하기 때문에 그 현자들이 비를 청했을 때 한 번도 가문 적이 없었다고들 했다. 그래서 어떤 사람이 자기도 이 예식에 따라서 부의 여신 락쉬미에게 부자가 되게 해 달라고 빌며 기도했다.

그는 10년이라는 긴 세월 동안 아무 효험도 못 보고 기도하다가, 그 기간이 지난 후에 갑자기 부의 허망한 본성을 깨닫고서 속세를 등지고 히말라야 산에 들어가 은수자의 삶을 택했다.

묵상을 하고 앉아 있던 어느 날 눈을 떠 보니, 마치 황금처럼 온몸이 환하게 빛나는 뛰어나게 아름다운 부인이 앞에 서 있었다.

"누구신데 여기서 뭘 하고 계십니까?" 하고 그는 물었다.

"네가 12년 동안 찬미했던 락쉬미 여신이다" 하고 부인은 말했다.

"네 소원을 들어주러 왔다."

"아, 친애하는 여신이시여!" 하고 그 남자는 외쳤다.

"저는 그후에 묵상의 지복至福을 누리게 되었고 부富에 대한 욕망을 잃어버렸습니다. 너무 늦게 오셨습니다. 그런데 왜 그렇게 미루다가 오셨는지 말씀해 주십시오."

"솔직히 말하지" 하고 여신은 말했다.

"네가 그렇듯 충실하게 예절을 바친 그 정성을 본다면 너는 그 부를 충분히 누렸어야 했다. 그러나 너를 사랑하기에, 그리고 너의 행복을 바라기에 그걸 보류했었다."

> 선택의 여지가 있다면 어떤 것을 선택하겠는가?
> 청원을 들어주시는 것,
> 아니면 들어주시건 말건 평화롭게 되는 은총을?

어느 날 물라 나스룻딘은 마을 학교 선생이 어린이들을 데리고 사원으로 가는 것을 보고서 물었다.

"그애들을 거기에는 뭐하러 데리고 가십니까?"

"나라에 가뭄이 들어서요" 하고 선생이 말했다.

"우리는 죄 없는 아이들의 부르짖음이 전능하신 분의 마음을 움직이리라고 믿거든요."

"중요한 것은 죄가 있고 없고가 아니라 지혜와 알아차림입니다" 하고 물라가 말했다.

"어떻게 감히 이 아이들 앞에서 그처럼 불경스런 말을 하십니까!" 하고 선생은 외쳤다.

"당신이 말씀하신 것을 증명하십시오. 그렇지 않으면 이단자로 고발하겠습니다."

"그거야 쉽지요" 하고 나스룻딘이 말했다.

"아이들의 기도가 조금이라도 중시되었더라면, 온 나라 안에 학교 선생이 한 명도 없게 될 거요. 그애들이 학교 가는 것보다 더 싫어하는 것은 없으니까요. 당신이 그애들의 기도에도 불구하고 살아남게 된 것은 아이들보다 잘 아는 우리가 당신을 그 자리에 있게 해 주었기 때문이라오."

어느 독실한 노인이 하루에 다섯 번씩 기도를 했는데, 한편 그의 동업자는 교회에는 발도 들여놓지 않았다. 그리고 이제 80회 생일날 그 노인은 다음과 같이 기도했다.

"오, 하느님! 저는 젊어서부터 아침에 교회에 가지 않거나 다섯 번 정해진 시간에 기도를 바치지 않고 지나친 날이 단 하루도 없습니다. 단 한 번의 결심도, 중요하거나 하찮거나, 먼저 주님께 호소하지 않고서는 행동에 옮긴 적이 없습니다. 그리고 이제 노년이 되어, 저는 신심 생활을 두 배로 늘여서 주님께 밤이고 낮이고 끊임없이 기도하고 있습니다. 그런데도 이렇게 저는 교회의 생쥐처럼 가난합니다. 그런데 제 동업자를 보십시오. 술을 마시고 노름을 하고 그 늙은 나이에도 수상쩍은 여자들과 어울리는데도 호화롭게 잘살고 있습니다. 그의 입술에 단 한 번의 기도라도 스쳐 갔는지 의심스럽습니다. 주님, 지금 저는 그를 벌하시라고 청하는 것이 아닙니다. 그건 그리스도인답지 않으니까요. 하지만 말씀해 주십시오. 왜, 왜, 왜 그는 잘살게 하시고 저는 이처럼 대하십니까?"

"왜냐하면" 하고 하느님께서 말씀하셨다.

"너는 정말이지 따분하기 짝이 없는 사람이기 때문이다."

어느 봉쇄수도원의 규칙은
"말을 하지 말라"는 것이 아니라
"침묵보다 더 나은 말이 있다면 하라"는 것이었다.
기도에 대해서도 똑같은 말을 할 수 있지 않을까?

기도와 기도하는 사람들에 대하여

할머니: 매일 밤 기도하니?
손자: 그럼요!
할머니: 매일 아침에도?
손자: 아뇨. 전 낮에는 무섭지 않아요.

독실한 노부인이 전쟁 후에:
 "하느님께선 우리에게 정말 잘해 주셨어요. 우리가 기도하고 또 기도하고 했더니 모든 폭탄이 전부 마을 건너편에 떨어졌답니다."

히틀러의 유대인 박해가 너무도 견딜 수 없게 되자 두 유대인이 암살을 결심했다. 그들은 히틀러가 지나가게 되어 있다고 알게 된 한 지점에서 언제라도 총 쏠 준비를 해 놓고 망을 보고 있었다. 히틀러의 도착이 늦어지자 사무엘에게 끔찍한 생각이 떠올랐다.
 "죠수아!" 하고 그는 말했다.
 "그 사람한테 아무 일이 없었기를 기도하게나!"

그들은 해마다 소풍 갈 때 그들의 독실한 아주머니를 초대하기로 관례를 정했었다. 그런데 올해는 잊어버렸다. 초대장이 마지막 순간에야 도착했을 때 그 아주머니는 말했다.

"이젠 너무 늦었어. 벌써 비가 오게 해 달라고 기도했는걸."

어느 신부가 한 부인이 손으로 머리를 감싸고 빈 성당에 앉아 있는 것을 보았다.

한 시간이 가고 두 시간이 가도 부인은 아직도 거기 그대로 앉아 있었다. 신부는 그 부인이 절망에 빠진 영혼이라고 판단하고서 도와주고 싶은 마음이 간절하여 다가가서 말했다.

"제가 어떻게든 도움이 될 수 있을까요?"

"아니오, 감사합니다, 신부님" 하고 부인은 말했다.

"필요한 도움을 모두 받고 있었어요."

중단시키기까지는!

어떤 노인이 성당에서 한 시간 내내 부동자세로 앉아 있곤 했다. 어느 날 신부가 하느님께서 무슨 말씀을 하시냐고 물었다.

"하느님께서는 말씀을 안 하십니다. 듣기만 하십니다."

"그렇다면, 당신은 무슨 말씀을 드립니까?"

"저도 말을 안 합니다. 듣기만 합니다."

기도의 네 단계

내가 이야기하고 당신은 들으시고.
당신께서 말씀하시고, 나는 듣고.
둘 다 말하지 않고, 둘 다 듣고.
둘 다 말하지 않고, 둘 다 듣지 않고 — 침묵.

수피 바야지드 비스타미는
기도 기술의 진보에 대하여 이렇게 묘사했다.

"처음에 메카에서 카아바 신전을 찾아갔을 때
나는 카아바 신전을 보았다.
두 번째는 카아바의 주님을 보았다.
세 번째는 카아바 신전도 카아바의 주님도 못 보았다."

무갈 황제 아크바가 숲으로 사냥을 나갔다. 저녁기도 시간이 되자 그는 말에서 내려와 땅에 자리를 펴고서 어디서나 열심한 회교도들이 하는 방식으로 기도하려고 무릎을 꿇었다.

그런데 바로 이때 아침에 나가서 돌아오지 않은 남편 때문에 심란해진 한 시골 부인이 걱정스럽게 실종된 남편을 찾으면서 그 옆을 달려갔다.

남편 찾는 일에 몰두해서 그 부인은 황제가 무릎 꿇고 있는 모습을 못 보고 그한테 걸려 넘어졌다가 일어나서는 사과의 말 한 마디도 없이 숲 속으로 달려갔다.

아크바는 이렇게 방해를 받아 화가 많이 났지만, 착실한 회교도인 만큼, 기도 중에는 아무에게도 이야기 안 하는 규칙을 지켰다.

그런데 기도가 끝났을 바로 그 무렵에 그 부인이 자기가 찾아낸 남편과 함께 즐겁게 돌아왔다. 부인은 황제와 수행원이 거기 있는 것을 보자 깜짝 놀라며 겁을 먹었다. 아크바는 그 부인에게 화풀이를 하며 소리쳤다.

"너의 그 무례한 행동을 해명하지 못하면 벌을 주리라."

그 부인은 갑자기 겁 없이 돌아서더니, 황제의 눈을 바라보면서 말했다.

"폐하, 제가 그만 제 남편 생각에 몰두해서 폐하께서 여기 계신 것조차 알아뵙지 못하였습니다. 폐하께서 말씀하셨듯이 제가 폐하께 걸려 넘어졌을 때조차도 폐하를 못 보고 말았습니다. 그런데 폐하께서는 기도 중이시었고, 제 남편보다 한량없이 더 귀중하신 분께 몰두해 계셨습니다. 그런데 어떻게 해서 폐하께서는 저를 알아보셨다는 것입니까?"

황제는 부끄러워서 침묵을 지켰다. 그리고 후에 그의 친구에게 털어놓으면서, 학자도 물라(스승)도 아닌 한 시골 부인이 그에게 기도의 의미를 가르쳐 주었노라고 말했다.

한번은 스승이 기도를 하고 있는데 제자들이 와서 말했다.
"선생님, 저희에게 기도하는 법을 가르쳐 주십시오."
이것이 그가 가르쳐 준 방법이다.
두 남자가 한번은 들판을 걸어 지나가다가 성난 황소 한 마리를 보았다. 즉시 그들은 가장 가까운 울타리 쪽으로 성이 나서 쫓아오는 그 황소와 함께 달려갔다. 그러나 곧 그들이 거기까지 가지 못하리라는 것이 확실해지자, 한 사람이 다른 사람에게 외쳤다.
"이제 끝장이다! 아무것도 우릴 구할 수가 없어. 기도문을 하나 외워. 빨리!"
다른 사람이 되외쳤다.
"난 평생 기도를 해 본 적이 없어. 이런 경우에 바치는 기도를 아는 것도 없고."
"상관없어. 황소가 우릴 따라잡고 있잖아! 아무 기도나 해."
"그럼 우리 아버지가 식사 전에 하시던 기도가 있는데 그걸 바치기로 하지.
주님, 우리가 받게 될 것들에 대해서 진정 감사하게 해 주십시오."

만사를 있는 그대로
받아들이기를 배운 사람들의 거룩함보다
더 나은 것은 세상에 없다.

인생이라는 카드 게임에서 사람은
자기가 받은 패를 가지고
자신의 능력을 최대한 발휘한다.

주어진 패를 가지고 게임을 하지 않고
받았어야 할 패를 주장하며 갖고 싶어 하는 사람들
— 이들은 인생의 실패자들이다.

우리는 게임을 하겠느냐는 질문을 받지 않았다.
그것은 선택이 아니다. 우리는 게임을 해야만 한다.
선택해야 할 것은 방법이다.

어느 랍비가 한 학생에게 무엇이 그를 괴롭히고 있느냐고 물은 적이 있었다.
　"저의 가난입니다." 학생의 대답이었다.
　"제 처지가 하도 비참해서 공부도 기도도 거의 할 수가 없을 지경입니다."
　랍비가 말했다.

"오늘 이 시각에 너에게 가장 좋은 기도와 가장 좋은 공부는 네가 처해 있는 바로 그대로의 삶을 받아들이는 데 있다."

어느 호되게 추운 날, 랍비와 제자들이 불을 지펴 놓고 둘러앉아 있었다.

제자들 가운데 하나가 스승의 가르침을 되뇌며 말했다.

"오늘처럼 몸이 얼어붙을 듯이 추운 날에 무얼 해야 하는지 나는 정확히 알지!"

"무얼 하는데?" 다른 제자들이 물었다.

"따뜻하게 지내는 거지! 그리고 그게 불가능하다면, 그래도 무얼 해야 하는지 알지."

"무얼 하는데?"

"얼어붙는 거지."

당면한 현실은 정녕
거부할 수도 받아들일 수도 없다.
거기서 달아나는 것은
너의 발에서부터 달아나는 것과 같다.
그것을 받아들이는 것은
네 입술에 입을 맞추는 것과 같다.
네가 해야 될 일이란
보고 이해하고
그리고 편히 있는 것뿐이다.

어떤 남자가 정신과 의사를 찾아가 밤마다 다리 열둘에 머리가 셋 달린 용이 찾아온다고 했다. 그는 신경쇠약 환자로서 한숨도 잘 수 없었고 기진맥진해 있었다. 그는 자살까지 생각했었다.
"제가 도와 드릴 수 있을 것 같습니다" 하고 의사가 말했다.
"하지만 미리 경고해 두겠는데 한두 해 걸리고 대략 3천 달러가 듭니다."
"3천 달러나요!" 하고 그 남자는 소리쳤다.
"그만둡시다! 집에 돌아가 그 용을 친구로 삼기나 하겠습니다."

이슬람 신비가 화리드에게
이웃 사람들이 델리에 가서 아크바 황제를 만나
마을을 위해 청을 드려 달라고 설득했다.
화리드는 궁중에 들어가서 한참 만에
기도 중인 아크바를 마침내 찾아내고는 물었다.
"무슨 기도를 바치고 계셨습니까?"
"더없이 자비로우신 분께 나에게 성공과 재산과 장수를
허락해 주십사고 기도했소" 하고 황제는 대답했다.
화리드는 곧장 돌아서서 한 마디 남기며 떠나갔다.
"나는 황제를 보러 왔는데, 여기서 만난 이 사람은
여느 사람들과 다를 바 없는 거지로군!"

옛날에 경건하고 열심이고 하느님 사랑으로 가득 찬 한 부인이 있었다. 매일 아침 그 부인은 교회에 갔다. 가는 길에 어린이들이 그 부인한테 큰 소리로 외쳤고 거지들이 말을 걸곤 했다. 그러나 부인은 신앙심에 너무나 심취되어 그들을 쳐다보지조차 않았다.

그런데 하루는 늘 하던 대로 거리를 내려가서 예배 시간 직전에 교회에 도착했다. 부인이 문을 밀었으나 열리지 않았다. 다시 한 번 더 힘껏 밀고 나서야 문이 잠겼다는 것을 알았다.

수년 만에 처음으로 예배를 못 보게 되었다고 생각하니 슬퍼서 어찌할 바를 모르며 위를 쳐다보았다. 그런데 거기 바로 얼굴 앞에, 문에 핀으로 꽂아 놓은 종이를 발견했다. 거기에 이렇게 적혀 있었다.

"나는 저기 바깥에 있다!"

어떤 성인에 관해서 늘 하는 말이 있는데,
그는 수도자의 의무를 수행하러 집을 떠날 때마다,
이렇게 말했다고 한다.

"주님, 안녕히 계십시오! 성당에 다녀오겠습니다."

어느 수사가 하루는 수도원 동산을 거닐다가 새 소리를 들었다.

그는 황홀해서 귀를 기울였다. 일찍이 새가 노래하는 소리를 들어 본 적이, 그러니까 정말로 들어 본 적은 없는 것처럼 여겨졌다.

새가 노래하길 그친 다음에 수도원으로 돌아와 보니, 어이없게도 그는 동료 수사들에게 낯선 이였고, 그들도 그에게 낯설었다.

점점 시간이 지나고서야 비로소 그들과 그 수사는 그가 수백 년 후에 돌아왔음을 발견했다. 그는 온몸과 온 마음으로 들었기에, 시간이 멈추었고 그만 저 영원 속으로 미끄러져 들어갔던 것이다.

영원성을 발견할 때 기도는 완전하게 된다.
투명한 지각을 통해서 그 영원성은 발견된다.
선입견과 개인적인 손익의 고려에서 벗어날 때
지각은 선명하게 된다.
그러면 그 기적적인 면이 보이게 되고
가슴은 경이로 차게 된다.

스승이 도지사에게 묵상을 하러 오라고 청했는데 도지사가 너무 바쁘다고 하자, 스승은 이런 답변을 보냈다.

"당신은 눈가리개를 하고서 — 너무 바빠서 그걸 벗지 못하고 — 밀림 속을 걸어가는 사람을 생각나게 합니다."

도지사가 시간이 모자란다고 변명하자 스승은 말했다.

"시간이 없어서 묵상을 못한다고 생각하는 것은 잘못입니다. 진짜 원인은 마음의 동요입니다."

한 능률 전문가가 헨리 포드에게 보고를 하고 있었다.

"잘 아시다시피, 사장님, 보고는 극히 희망적인데, 다만 저 아래 홀에 있는 저 사람만은 예외입니다. 제가 지나갈 때마다 책상 위에 발을 얹고 앉아 있었습니다. 그 사람은 사장님의 돈을 낭비하고 있습니다."

포드는 말했다.

"그 사람이 우리한테 한 재산 벌 아이디어를 준 일이 있지. 그때도 그의 발이 정확히 지금 있는 그 자리에 있었다고 생각하는데."

녹초가 된 어느 나무꾼이 무딘 도끼로
나무를 찍으며 시간과 힘을 낭비하고 있었는데,
그가 밀하기를
일을 멈추고 도끼날을 갈 시간이 없기 때문이라고 했다.

옛날에 한 숲이 있었는데, 낮에는 새들이 노래하고 밤에는 벌레들이 울었다. 나무들이 무성하고 꽃들도 만발하고 온갖 생물들이 자유롭게 떠돌아다녔다.

그리고 거기 들어서는 사람은 누구나 자연의 침묵과 자연의 아름다움 속에 사시는 하느님의 집인 저 고독에로 인도되었다.

그러다가 정신 나간 시대가 되자 사람들은 수십 미터 높이의 건물들을 짓는가 하면 한 달 만에 강과 숲과 산들을 망가뜨릴 수도 있게 되었다. 그리하여 숲의 나무와 숲 흙 밑에 파묻혀 있던 돌들로 예배의 집들이 세워졌다. 뾰족탑, 첨탑, 회교 사원의 첨탑이 하늘을 찔렀고, 대기는 종소리와 기도와 성가 그리고 훈계로 가득 찼다.

그리고 하느님은 갑자기 집 하나도 없게 되셨다.

인도의 신비가 사라하의 말

"지식의 부재라는
이 은총의 맛을 알아라."

하느님은 사물을
우리 눈앞에 갖다 놓으심으로써
그것들을 감추신다!

들어라
새의 노래를
나무들 속에서 이는 바람 소리를
바다가 부르짖는 소리를

보아라
마치 처음 보듯이
나무 하나를
떨어지는 잎 하나를
꽃 하나를

너는 문득 만날지도 모른다
실재를
어린 시절에 떨어져 나와
우리네 지식 때문에
들어가지 못하고 있는
저 천국을

개구리의 기도
알기

나라 안에 큰 종교 박해가 일어났는데, 종교의 세 기둥인 성서와 예배와 애덕이 하느님 앞에 나타나서 종교가 짓밟혀 없어진다면 자기들은 존재하지 못하게 되리라는 두려움을 표명했다.

"걱정 마라" 하고 주님께서 말씀하셨다.

"내가 너희 모두보다 더 위대한 자를 세상에 보낼 계획이다."

"이 위대한 자를 어떤 이름으로 부르시나요?"

"자기를 알기" 하고 하느님께서 말씀하셨다.

"그는 너희 중 누가 했던 것보다 더 큰 일들을 할 것이다."

세 현자가 여행을 떠났다. 그들은 자기 나라에서는 지혜롭다고 여겨졌으나, 그 여행이 자기들의 마음을 더 넓게 해 줄 것이라고 바랄 정도로 겸손했기 때문이다.

그들이 이웃 나라로 막 건너가자 멀리 마천루 하나가 보였다. 이 거대한 물건이 무엇일까 하고 그들은 자문했다. 그 답이란 분명 이러했으리라.

가서 알아내자. 하지만 안 돼, 너무 위험한 짓일 거야. 다가갔다가는 폭발하는 물건이라면 어쩌려고? 가서 알아내기 전에 그게 무엇인지를 결정하는 것이 단연 더 지혜로울 거야.

여러 가지 이론이 주장되었고, 검토되었고, 그리고 과거 경험을 기초로 해서 거부되었다. 끝판에는, 역시 넘치도록 많이 쌓아 둔 과거 경험을 기초로 해서, 문제의 그 물건은 그것이 무엇이든 간에 거인들만이 거기 갖다 놓을 수 있었으리라고 결정되었다.

이 결정이 그들로 하여금 이 나라를 전적으로 피하는 것이 더 안전하리라는 결론에 이르게 했다. 그래서 그들은 그들의 쌓아 놓은 경험에 뭔가 더 덧붙여서 집으로 돌아갔다.

가정假定은 관찰에 영향을 준다.
관찰은 확신이 생기게 한다.
확신은 경험을 낳는다.
경험은 행위를 초래한다.
행위는, 차례로, 가정을 확인한다.

가정들

두 사냥꾼이 숲으로 타고 갈 비행기를 전세 내었다. 두 주일 후에 조종사가 그들을 데리러 왔다. 그는 그들이 잡은 동물들을 보고서 말했다.

"이 비행기는 야생 들소 한 마리밖에 못 실을 겁니다. 다른 놈은 두고 가셔야겠습니다."

"하지만 작년에는 조종사가 이런 크기의 비행기에 두 마리를 싣고 가게 했는걸요." 사냥꾼들은 주장했다.

조종사는 미심쩍어했으나 결국 말했다.

"글쎄요, 작년에 그렇게 하셨다면 우리도 할 수 있을 것 같군요."

그래서 그 비행기는 세 남자와 들소 두 마리를 싣고 떠났다. 그러나 높이 뜰 수가 없었고 근처 언덕에서 추락했다. 세 사람은 비행기에서 기어 나와 주위를 둘러보았다. 사냥꾼 하나가 다른 사냥꾼한테 말했다.

"우리가 어디에 있는 것 같은가?"

다른 사냥꾼이 주위를 둘러보고서 말했다.

"내 생각에는 우리가 작년에 추락했던 곳에서 왼쪽으로 2마일 정도 되는 지점인 것 같군."

그보다 더한 가정들

어느 부부가 자기들과 20년간 같이 살았던 조지 아저씨의 장례식에서 돌아오는 길이었다. 그는 너무도 성가신 존재여서 그들의 결혼을 거의 파경으로 몰고 갔었다.

"당신한테 할 말이 좀 있어요, 여보" 하고 남편이 말했다.

"내가 당신을 사랑하는 마음이 없었더라면, 나는 당신의 조지 아저씨를 단 하루도 참을 수 없었을 거요."

"나의 조지 아저씨라고요!" 아내가 소스라치며 외쳤다.

"나는 당신의 조지 아저씨였다고 생각했어요!"

1946년 여름, 어느 남미 나라에서 기근 소문이 한 지방을 휩쓸었다. 사실상 농작물들은 잘 자라고 있었고, 기후도 엄청난 수확을 내기에 완벽했다. 그러나 그런 소문이 나는 바람에 2만 명의 소농작민들이 농지를 포기하고 도시로 달아났다. 그들의 처신 때문에 농사는 실패했고, 수천 명이 굶주리게 되었으며 기근 소문은 사실이었음이 입증되었다.

오래오래 전 중세기 적에, 교황은 유대인들을 로마에서 몰아내라는 권유를 계속 받았다. 가톨릭의 중심부에 유대인들이 버젓이 살고 있다니 당치 않다는 것이었다. 그리하여 추방령 포고문이 작성되고 공표되자 유대인들은 너무도 어이가 없었다. 그들은 어느 다른 곳으로 가더라도 로마에서보다 더 비참한 대우를 받을 수밖에 없다는 것을 잘 알고 있었기 때문이다. 그래서 그들은 교황에게 그 칙령을 재고해 달라고 간청했다. 교황은 공정한 사람이었기에 도박적인 제안을 하나 제시했다. 유대인들로 하여금 교황과 무언극으로 논쟁할 사람을 하나 선정하라는 것이었다. 만일 그들의 대변자가 이기면 유대인들은 그대로 머물러도 된다는 것이었다.

유대인들은 모여서 이 제안을 심사숙고했다. 그 제안을 거절하자니 로마에서 추방당할 것이었고, 받아들이자니 실패를 자초하는 셈이었다. 교황이 참가도 하고 심판도 하는 논쟁에서 어느 누가 이길 수 있으랴? 그렇다 해도 그 제안을 받아들이는 수밖에 다른 길이 없었다. 다만, 교황과 논쟁 하는 임무를 맡겠다고 자원하는 사람을 찾는다는 것이 불가능했다. 유대인들의 운명을 어깨에 짊어지는 그 부담은 어느 누구라도 감당할 수 없을 만큼 힘에 겨운 것이었다.

그런데 회당 문지기가 이 사연을 듣고는, 우두머리 랍비 앞에 와서 자기가 백성을 대표해서 논쟁에 나가겠다고 자원했다.

"그 문지기가?" 하고 다른 랍비들이 이 소식을 듣자 말했다.
"말도 안 됩니다!"
"글쎄요" 하고 우두머리 랍비가 말했다.
"우리 가운데 아무도 나가려 들지 않으니, 그 문지기가 나가든가 아니면 논쟁을 포기하든가 둘 중 하나입니다."

이렇게 해서 그 사람 외에는 아무도 없었기에 그 문지기가 교황과 논쟁을 하도록 선정되었다.

역사적인 날이 되자, 교황은 성 베드로 광장에서 추기경들로 둘러싸여 교황석에 앉아서 수많은 주교들, 신부들, 신자들을 바라보고 있었다. 곧이어 유대인들의 작은 대표단이 검은 옷을 입고 수염을 늘어뜨리고서 한가운데다 그 문지기를 세우고 도착했다.

교황이 그 문지기한테 얼굴을 돌리자 논쟁이 시작되었다. 교황은 엄숙하게 손가락 하나를 쳐들어서 하늘을 가로질러 선을 그었다. 문지기는 재빨리 땅을 향해 힘 있게 가리켰다. 교황은 뭔가 아연실색하는 것 같았다. 교황은 한층 더 엄숙하게 손가락 하나를 다시 쳐들어서 문지기의 얼굴에 단호하게 대고 있었다. 문지기는 그래서 즉시 세 손가락을 들어서 교황 앞에 똑같이 단호하게 들고 있자, 교황은 그 제스처에 깜짝 놀란 것처럼 보였다. 그러자 교황은 옷 속에 손을 넣어 사과 하나를 꺼냈다. 그래서 문지기는 자기 종이 봉지에 손을 넣어서 누룩을 넣지 않은 납작한 빵 조각 하나를 꺼냈다. 이렇게 되자 교황은 큰 소리로 발표했다.

"유대인 대표가 논쟁에 이겼습니다. 추방령은 취소되었습니다."

유대인 지도자들은 재빨리 그 문지기를 둘러싸더니 데리고 가 버렸다. 추기경들은 깜짝 놀라서 교황 주위에 몰려들었다.

"어떻게 된 것입니까, 성하?" 하며 그들은 물었다.

"빠르고 치열한 그 논쟁을 우리는 도저히 따라갈 수 없었습니다." 교황은 이마에서 땀을 닦으며 말했다.

"그 사람은 뛰어난 신학자요, 논쟁에 있어선 도사입니다. 나는 온 우주는 하느님께 속한다는 것을 암시하면서 하늘을 가로질러 손을 움직이는 것으로 시작했지요. 그는 손가락을 아래로 가리키면서 사탄이 주권을 갖고 통치하는 지옥이라고 하는 장소가 있다는 것을 나한테 상기시켰습니다. 나는 그래서 하느님은 한 분이라는 것을 의미하면서 손가락 하나를 쳐들었지요. 그가 세 손가락을 쳐들면서 이 한 분이신 하느님은 스스로를 동등하게 세 위로서 나타내신다는 것을 암시하면서 그것으로 우리 자신의 교의인 삼위일체에 동의하는 손짓을 했을 때, 내가 얼마나 충격을 받았을지 상상해 보시오. 이 신학적 천재를 이긴다는 것이 불가능하다는 것을 알고 나서, 나는 드디어 논쟁을 다른 영역으로 바꿔쳤습니다. 사과 하나를 꺼내면서 신식 사고방식에 따르면 지구는 둥글다는 것을 암시했지요. 그는 즉시 누룩 안 든 납작한 빵을 한 조각 꺼내면서, 성서에 의하면 지구는 납작하다는 것을 암시했습니다. 그래서 승리는 그의 것이라는 것을 인정하는 수밖에 다른 길이 없었습니다."

이윽고 유대인들은 회당에 도착했다. 그들은 문지기에게 어리둥절해서 어떻게 된 것인지를 물었다.

"죄다 대수롭지 않은 거였어요" 하고 문지기는 분개하며 말했다.

"보세요. 처음에 교황이 손을 움직이며 모든 유대인은 로마에서 나가라는 시늉을 하더군요. 그래서 우리는 꼼짝도 안 할 거라는 걸 분명히 말하기 위해서 나는 손가락을 아래로 가리켰지요. 그러자 그는 주제넘게 굴지 말라는 것처럼 위협하는 손가락질을 했어요. 그래서 나는 세 손가락으로 그를 가리키면서 그가 우리더러 로마에서 나가라고 독단적으로 명령한 건 세 배나 더 주제넘는 짓이라고 했지요. 그다음에는 그가 자기 점심을 꺼내는 것을 보았고, 그래서 나는 내 점심을 꺼냈지요."

현실이란 대체로 실제 그대로라기보다는
우리가 그렇다고 결정한 바로 그것이다.

한 작은 유대인 노부인이 비행기에서 옆 자리에 앉은 덩치 큰 스웨덴 사람을 계속 뚫어지게 바라보고 있었다.
  드디어 노부인은 돌아앉으며 말했다.
  "실례지만, 유대인이시지요?"
  "아닙니다."
  몇 분 후에 노부인은 다시 돌아보며 말했다.
  "내겐 얘기하셔도 괜찮아요. — 유대인 맞지요?"
  "절대로 아닙니다."
  노부인은 몇 분 동안 차근차근 훑어보고는 또다시 말했다.
  "난 당신이 유대인이라는 걸 알 수 있어요."
  그 성가신 부인을 떨쳐 버리기 위해서 그 남자는 말했다.
  "좋아요, … 그래요, 나는 유대인이오!"
  노부인은 그를 다시 쳐다보더니 고개를 저으며 말했다.
  "당신은 정말 유대인 같지는 않군요."

우리는 먼저 우리의 결론부터 내린다.
그런 다음
거기 도달할 무슨 방법을 찾아 낸다.

슈퍼마켓 식품부에서 한 부인이 토마토 몇 개를 들어 올리려고 허리를 굽혔다. 그 순간 그 부인은 등을 찌르는 듯한 지독한 아픔을 느꼈다. 그 부인은 꼼짝 않은 채 비명을 질렀다.
 옆에 서 있던 한 고객이 아는 체하며 말했다.
 "토마토가 못 쓰게 생겼다고 생각하신다면, 생선 값이 얼마나 비싼지 한번 알아보셔야 한다고요!"

당신은 현실에다
반응을 보이고 있는가,
아니면
현실에 대한 당신의 가정에다
반응을 보이고 있는가?

어떤 남자가 버스에 올라서 보니 옆 자리에 틀림없이 히피인 젊은이가 앉아 있었다. 그는 구두를 한 짝만 신고 있었다.
"자네는 구두 한 짝을 잃어버린 게 분명하군."
"아녜요, 한 짝을 찾은 거예요."

나한테 분명하다는 것,
그렇다고 그것이 사실이라는 뜻은 아니다.

한 카우보이가 사막을 가로질러 달리다가, 땅에다 귀를 대고 길가에 누워 있는 인디언 한 사람과 마주치게 되었다.
"거기서 뭘 하고 있는 거요, 추장?" 하고 카우보이는 말했다.
"빨간 머리에 얼굴이 크고 창백한 남자가 진초록색 메르세데스 벤츠를 타고 차 안에다 독일 셰퍼드를 태웠는데, 번호판은 SDT965, 서쪽으로 달려가고 있어요."
"허허 추장, 땅에다 귀를 대고 듣기만 해도 그걸 다 안단 말이오?"
"그게 아녜요. 그 개새끼가 날 치고 달아났단 말예요."

조개 하나가 진주 한 알이 떨어져 나와 바다 밑바닥 바위 틈새에 떨어져 있는 것을 보았다. 한참 애를 쓴 끝에 조개는 그 진주를 꺼내서 자기 바로 옆 해초 위에다 얹어 놓았다.

조개는 인간들이 진주를 찾는다는 것을 알고서 생각했다.

"이 진주가 그들을 유혹할 거야. 그래서 그들은 진주를 가져가고 나는 그대로 둘 테지."

그러나 진주잡이가 나타났을 때, 그의 눈은 해초 위에서 쉬고 있는 진주들이 아니라 조개들을 찾도록 길들여져 있었다.

그래서 그는 마침 진주 하나 들어 있지 않은 그 조개를 잡아 갔고, 그 진주는 다시 바위 틈새로 굴러떨어질 수 있었다.

당신은 어디를 봐야 할지 정확히 안다.
바로 그 때문에
당신은 하느님을 찾지 못하고 만다.

은행에서 한 부인이 출납계원에게 수표를 현금으로 바꾸어 달라고 청했다.

은행 방침을 인용하면서 출납계원은 신분증을 보여 달라고 했다.

부인은 한참 어이없어하더니, 겨우 말을 꺼냈다.

"얘, 조나단, 난 네 엄마야!"

이 이야기가 우습다고 생각한다면
어째서 당신은 메시아를 알아보지 못한단 말인가?

어떤 사람이 새로 산 사냥개를 데리고 시험 사냥을 나갔다. 이내 그는 오리 한 마리를 쏘아 호수에 떨어뜨렸는데, 그 개는 물 위로 걸어가 오리를 물어서 주인에게 가져왔다.

그는 놀라서 어안이 벙벙해졌다! 그리고 오리를 또 한 마리 쏘았다. 다시 한 번, 그가 믿기지 않아 눈을 비비고 있는 동안, 그 개는 물 위를 걸어가 오리를 찾아오는 것이었다.

눈으로 보고도 도무지 믿기지 않아서 그는 다음 날 사냥에 이웃 사람을 초대했다. 다시 한 번, 그가 또는 그의 이웃이 새를 쏘아 맞힐 때마다, 그 개는 물 위를 걸어가서 그 새를 물어다 주었다. 그는 아무 말도 안 했고 그의 이웃도 아무 말이 없었다. 드디어 그는 더 참을 수가 없어서 불쑥 말해 버렸다.

"저 개한테서 뭔가 이상한 점이 눈에 안 띄었습니까?"

그 이웃 사람은 깊은 생각에 잠긴 듯 턱을 문지르고 있더니,

"그래요" 하고 드디어 말했다.

"이제 생각났어요! 저 못난 녀석은 헤엄칠 줄을 모르는군요!"

마치 삶이 기적들로 충만하지 않은 듯한 게 아니다.
그 이상이다. 삶은 기적적이다.
그리고 삶을 당연히 여기기를 멈추는 사람은 누구나
그것을 즉시 보게 될 것이다.

한 사람이 자기 친구가 개와 함께 카드놀이를 하고 있는 것을 보고 말했다.

"자네의 그 개는 퍽 영리하군."
"보기보다는 영리하지 않아" 하고 친구는 대답했다.
"좋은 패를 갖게 될 때마다 꼬리를 흔드는걸."

할아버지와 할머니가 말다툼을 했는데, 할머니는 몹시 화가 나서 말을 하려 들지 않았다. 다음 날 할아버지는 말다툼에 대해서 까맣게 잊어버렸으나, 할머니는 계속 할아버지를 모른 척하며 여전히 말을 안 했다. 할아버지는 샐쭉해서 입을 다물고 있는 할머니를 말을 하게 만들 방도가 없는 것만 같았다.

결국 그는 벽장과 서랍들을 뒤적거리기 시작했다. 이 일이 얼마간 진행되자 할머니는 더 참을 수가 없게 되었다.

"도대체 뭘 찾고 계시우?" 할머니는 퉁명스럽게 물었다.
"아이고, 이제 찾았군" 하고 할아버지는 익살맞게 웃었다.
"당신 목소리를 말이오!"

당신이 찾고 있는 것이 하느님이라면,
어딘가 다른 데서 찾아보아라.

한 구도자가 스승의 집에 들어가는 것을 본 사탄은 그가 진리를 추구하는 데서 돌아서도록 힘껏 온갖 수단을 다 쓰기로 작정했다. 그래서 그 가엾은 구도자에게 재산·욕정·명성·권력·위신 등, 있을 수 있는 온갖 유혹을 다 겪게 만들었다. 그러나 그 구도자는 영적인 일에 제법 경험이 있었기에 그 유혹들을 쉽게 싸워 물리칠 수 있었다. 그만큼 영적인 것에 대한 열망이 간절했던 것이다.

스승 앞에 갔을 때, 그는 스승이 융단 의자에 앉아 있고 제자들은 그의 발치에 앉아 있는 것을 보고 좀 놀라며 속으로 생각했다.

"이 사람은 성인들의 으뜸가는 덕인 겸손이 모자라는군."

그러고는 그 스승에 대해서 자기가 좋아하지 않는 다른 점들도 살펴보았다.

우선, 스승은 자기에게 거의 눈길을 주지 않았다.

("내가 다른 사람들처럼 아첨을 안 하니까 그럴 테지" 하고 그는 혼잣말을 했다.)

그리고 입고 있는 옷도, 뭔가 잘난 척하는 말투도 마음에 안 들었다. 이 모든 점들로 미루어 보아 그는 자기가 잘못 찾아왔으며 어디 다른 데를 계속 찾아야겠다는 결론을 내렸다.

그 구도자가 방을 나서자, 방 한구석에 앉아 있던 사탄을 본 스승은 말했다.

"나는 걱정할 필요가 없었다, 사탄아. 그는 애초부터 네 차지였지."

바로 그런 것이
하느님을 찾으면서
모든 것을 다 떨쳐 버리고자 하되

하느님이 정녕 무엇인지에 대한
자기네 관념들만은 못 떨쳐 버리는
그런 사람들의 운명이다.

한 주정뱅이가 길을 걷고 있었는데 양쪽 귀에 물집이 나 있었다. 한 친구가 그에게 다가와서 어쩌다가 물집이 생기게 되었느냐고 물었다.

"마누라가 뜨거운 다리미를 놔두었는데, 전화벨이 울렸을 때 그만 실수로 그 다리미를 집어 들었거든."

"그랬군, 그런데 다른 쪽 귀는 어떻게 된 건가?"

"그 머저리가 또 전화를 걸었잖아!"

빈 대학의 한 유명한 외과 교수가 학생들에게 말하기를, 외과 의사가 되려면 두 가지 자질이 필요한데,

하나는 메스꺼움을 느끼지 않게 되는 것이고 또 하나는 관찰력이라고 했다.

그리고 나서 교수는 메스꺼운 액체 속에 손가락을 담갔다가 들어서 핥으면서 학생들도 각자 그대로 따라 하라고 했다.

학생들은 마음을 단단히 먹고는 조금도 머뭇거리지 않고 그 일을 해냈다.

그러자 교수는 미소를 지으며 말했다.

"학생 여러분, 첫 번째 시험에 합격한 것을 축하합니다. 그러나 불행하게도 두 번째 시험에는 통과하지 못했습니다.

여러분 가운데 아무도 내가 핥은 손가락이 그 액체에 담갔던 손가락이 아니었다는 것을 눈치채지 못했습니다."

어느 상류사회 교구의 목사가 안내원들을 시켜 일요일 예배 후에 교우들에게 인사를 하도록 했다. 그의 부인은 이 일을 직접 하라고 남편을 타일렀다.

"그러시다가 몇 년 후에 자기 구역 신자들마저 몰라보시게 되면 어쩌려고 그러세요?"

그래서 다음 일요일에, 목사는 예배 후에 교회당 문 앞에 자리 잡고 섰다. 제일 먼저 나온 사람은 수수한 옷을 입은 부인이었는데, 처음 나온 사람이 틀림없어 보여서 목사는 손을 내밀며 말했다.

"안녕하세요? 이렇게 예배에 나와 주셔서 정말 반갑습니다."

"감사합니다" 하며 그 부인은 좀 어리둥절한 표정이었다.

"예배 때 자주 뵙길 바랍니다. 우린 새 얼굴이 늘 반갑지요."

"네, 그렇게 하겠어요."

"이 구역 안에 사시나요?"

그 부인은 무슨 말을 해야 할지 몰라 난처해했다.

"주소를 알려 주시면 아내와 함께 한번 방문하겠습니다."

"멀리 가시지 않아도 돼요. 저는 목사님의 요리사예요."

사람들이 죄를 지을 때마다 스스로를 손상시키고 있다는 것을
의식하고 있다면 결코 죄를 짓지 않을 것이다.
대부분의 사람들은 애석하게도 스스로에게
무엇을 행하고 있는지를 조금도 의식하지 못할 만큼
너무나 큰 무감각 상태에 빠져 있다.

한 떠돌이가 어느 부자의 사무실에 들어와서 동냥을 청했다.
 그 부자는 벨을 울려 비서를 불러서 말했다.
 "여기 이 가엾고 불행한 사람이 보이나? 잘 보게나, 발가락은 구두 밖으로 불거져 나왔고, 바지는 단이 해져 너덜거리고, 코트는 누더기가 다 됐군. 며칠 동안 면도 한 번도, 목욕 한 번도, 그럴듯한 식사 한 번도 못한 게 틀림없어.
 이런 비참한 처지에 있는 사람들을 보고 있노라면 몹시 슬퍼진다고. 그러니 당장 내 눈앞에서 데리고 나가게!"

팔다리가 잘리고 반쪽만 남은 한 남자가
길가에서 구걸을 하고 있었다.
처음에 그를 보았을 때 나는 양심의 가책을 받아서
그에게 적선을 했다.
두 번째는 조금 덜 주었다.
세 번째는 공공장소에서 구걸을 하며
남에게 폐를 끼치고 있기에
그를 경찰한테 무정하게 넘겨주었다.

히말라야 산 동굴 안에서 묵상하고 있던 구루(힌두교 스승)가 눈을 떠 보니 자기 앞에 예기치 않았던 방문객이 앉아 있었다. 그는 잘 알려진 수도원의 아빠스(천주교 대수도원장)였다.

"당신이 찾는 것이 무엇이오?" 하고 구루는 물었다.

그 아빠스는 넋두리를 늘어놓았다. 한때 그의 수도원은 전 서방세계에서 유명했었다. 수도원 독방들은 젊은 지원자들로 가득 찼었고, 성당 안에서는 수사들의 노랫소리가 울려 퍼졌었다. 그러나 수도원에 어려운 시기가 닥쳤다. 사람들이 영혼의 양식을 얻기 위해 몰려들지 않게 되었고, 끊임없이 오던 젊은 지원자들도 끊어졌고, 성당은 고요해졌다. 소수의 수사들만 남아서 침울하게 맡은 일들을 하고 있을 따름이었다.

그런데 그 아빠스가 알고 싶어 하는 것은 이것이었다.

"수도원이 이 지경이 된 것이 우리들의 죄 때문입니까?"

"그렇소, 무지의 죄라는 것이오."

"그런데 그게 무슨 죄일까요?"

"당신네 수사들 가운데 한 분이 변장을 한 메시아이신데, 당신들이 모르고 있소." 그러고는, 구루는 눈을 감고 다시 묵상에 잠겼다.

수도원으로 돌아오는 고된 여행 중에 아빠스는 메시아가, 바로 메시아 그분께서 지구에 돌아오셨고, 바로 저기 자기 수도원 안에 계시다는 생각에 내내 가슴이 두근거렸다. 어떻게 그분을 알아뵙지 못했을까? 그리고 누가 그분일 수 있을까? 주방 수사? 제의방 수사? 회계 수사? 원장 수사? 아니야, 그는 아니다. 아아, 그는 너무 결함이 많다. 그러나 그 구루는 그분이 변장을 하고 계시다고 했다. 그런 결함들도 그분의 변장술의 하나일까? 그렇게 생각해 보니, 수도원의 모든 수사들이 다 결함이 있었다. 그런데 그들 가운데 한 사람은 메시아이어야 하는 것이다!

수도원에 돌아온 아빠스는 수사들을 모아 놓고 자기가 알아낸 사실을 이야기했다. 그들은 믿기지 않는 듯이 서로들 쳐다보고 있었다. 메시아께서? 여기? 말도 안 돼! 하지만 그분은 이곳에 변장을 하고 계시게 되어 있단 말이지? 그렇다면, 정말 그럴지도 모르지. 그분이 아무개라면 어쩌나? 또는 저기 있는 다른 수사라면? 또는 …

한 가지는 분명했다. 메시아께서 거기에 변장을 하고 계시다 하더라도, 그들은 그분을 알아뵙지는 못할 것 같다는 것이었다. 그래서 그들은 모든 수사들을 존중하며 신중하게 대했다. 그리고 그들은 서로를 대할 때 스스로에게 말했다.

"정말 모르지. 어쩌면 이 수사가 그분이실지도 몰라."

그 결과 수도원의 분위기는 기쁨에 넘치게 되었다. 곧 수십 명의 지원자가 수도원에 입회를 청했고 — 다시 한 번 성당 안에는 사랑의 영으로 불타는 수사들의 거룩하고 즐거운 성가가 울려 퍼졌다.

마음이 장님이라면 눈이 있다 한들 무슨 소용인가?

한 죄수가 독방에 갇혀 여러 해를 살고 있었다. 그는 아무도 못 보았고 말도 못해 보았으며, 식사는 벽에 나 있는 구멍으로 들여 왔다.

어느 날, 개미 한 마리가 그의 감방에 들어왔다. 그는 그 개미가 방 안에서 기어 돌아다니는 것을 황홀해서 바라보며 묵상했다. 그는 그 개미를 좀 더 잘 관찰하기 위해서 손바닥에 놓고, 밥알을 한두 알 주고, 밤이면 자기 깡통 컵 아래 넣어 두었다.

어느 날 문득 그는, 자기가 개미 한 마리의 사랑스러움에 눈을 뜨기 위해 그 기나긴 세월을 독방에 갇혀서 보내야 했다는 것을 발견했다.

어느 화창한 봄날, 스페인 화가 엘 그레꼬의 집을 한 친구가 찾아가 보니, 그는 커튼을 친 채로 방 안에 앉아 있었다.

"이 사람아, 햇살이 이렇게 좋은데 바깥으로 좀 나오게나" 하고 그 친구는 말했다.

"지금은 안 되겠네" 하고 엘 그레꼬는 말했다.

"그러면 내 안에서 빛나고 있는 빛을 어지럽힐 테니까."

노랍비가 눈이 멀어 책을 읽을 수도, 찾아오는 사람들의 얼굴을 볼 수도 없게 되었다.

한 치유자가 그에게 말했다.

"랍비님 자신을 제 손에 맡기십시오. 그러면 먼 눈을 고쳐 드리겠습니다."

"그럴 필요가 없을 거요" 하고 랍비는 말했다.

"난 내게 필요한 것은 모두 볼 수 있다오."

눈을 감은 사람이라 해서
모두 자고 있는 것은 아니다.
눈을 뜨고 있는 사람이라 해서
모두 볼 수 있는 것도 아니다.

개구리의 기도 l

종 교

기진맥진한 여행자: "도대체 무엇 때문에 기차역을 마을에서 3킬로미터나 떨어진 곳에다 세웠는지 모르겠군."

고마워하는 짐꾼: "기차역을 기차 가까이 세우는 것이 좋은 생각이라고 생각했을 겁니다."

철로에서 3킬로미터 떨어진 곳에 있는
초현대식 기차역은
삶에서 3센티미터 떨어진 곳에 있는
지나치게 북적대는 성전만큼이나
어리석은 것이다.

가마꾸라의 부처님은 어느 날 강한 태풍이 몰아쳐 절이 무너지기까지는 법당 안에 모셔져 있었다. 그러고는 여러 해 동안 그 육중한 불상은 햇볕과 비바람과 기후의 변화를 겪으며 바깥에 놓여 있었다.

한 스님이 법당을 재건하기 위해 기금을 모으기 시작하자, 그 불상이 꿈에 나타나 그에게 말했다.

"그 법당은 집이 아니라 감옥이더라. 삶이 나를 손상시키도록 그대로 내버려 두어라. 거기가 내가 속하는 곳이다."

도브 베르는 비범한 사람이었다. 사람들은 그 사람 앞에만 가면 벌벌 떨었다. 그는 명성을 떨치는 탈무드 학자로서 대쪽 같았고 타협이라고는 몰랐다. 결코 웃는 일도 없었다. 굳은 믿음을 가지고 스스로에게 고통을 가했고, 여러 날 연달아 단식을 하는 것으로 알려져 있었다.

도브 베르는 결국 금욕생활로 몸져 눕고 말았다. 몹시 병이 깊어 의사들도 낫게 할 방도가 없었다. 마지막 호소로, 누군가가 제안을 했다.

"바알 쉠 토브의 도움을 구해 보시지요."

도브 베르는 처음에는 거부했다가 나중에야 동의했다. 그는 바알 쉠을 일종의 이단자로 여기고 맹렬히 비난했기 때문이다. 또한 도브 베르는 삶이란 고통과 시련에 의해서만 의미 있게 된다고 믿는 반면에, 바알 쉠은 고통을 덜어 주고자 했고, 삶에 의미를 부여하는 것은 바로 기뻐하는 정신이라고 터놓고 가르쳤기 때문이다.

바알 쉠이 요청에 응한 것은 자정이 지나서였는데, 그는 양모 코트에 최고급 털모자를 쓰고 차를 몰고 왔다. 바알 쉠은 병자의 방으로 들어와서 그에게 『눈부신 아름다움』이라는 책을 건네주었다. 도브 베르는 그 책을 펴서 소리 내어 읽기 시작했다.

일 분도 채 안 읽었을 때 — 그래서 이야기는 계속되는데 — 바알 쉠이 중단시켰다.

"뭔가 빠져 있소" 하고 바알 쉠이 말했다.

"당신의 믿음에는 뭔가가 모자라오."

"그래 그게 무엇이오?" 하고 병자가 물었다.

"혼이오" 하고 바알 쉠 토브는 말했다.

어느 추운 겨울밤에, 떠돌이 고행자가 절에 와서 잠자리를 청했다.

그 가엾은 사람이 눈을 맞으며 떨고 서 있는 것을 보고 스님은 내키지 않았으나 그를 들어오게 하면서 말했다.

"좋아요, 하룻밤만 묵어갈 수 있습니다. 여기는 절이지 여인숙이 아니오. 아침에는 떠나야 합니다."

한밤중에 그 스님은 탁탁 하는 이상한 소리를 들었다. 그는 법당으로 달려갔고, 거기서 어처구니없는 광경을 보았다. 그 낯선 사람이 법당에서 불을 지펴 몸을 녹이고 있었던 것이다.

목조 불상이 하나 빠져 있었다. 스님은 물었다.

"불상이 어디 있소?"

떠돌이는 불을 가리키더니 말했다.

"이 추위에 얼어 죽을 거라고 생각했어요."

스님은 외쳤다.

"정신이 나갔소? 당신이 무슨 짓을 했는지 알고나 있소? 그건 불상이오. 당신이 부처님을 태워 버렸단 말이오!"

불이 서서히 꺼져 가고 있었다. 떠돌이 고행자는 재속을 들여다보더니 작대기로 재를 쑤시기 시작했다.

"이제 또 무얼 하고 있는 거요?" 하고 스님은 고함쳤다.

"스님이 내가 태워 버렸다고 하신 부처님의 뼈를 찾고 있습니다."

그 스님이 나중에 어느 선사(禪師)에게 그 일을 보고하자 스승은 말했다.

"못된 중이로군. 죽은 부처를 산 사람보다 소중히 여기다니."

선禪 학도인 데쓰겐鐵眼道光은 거대한 사업을 결심했다. 당시에는 중국어로만 읽을 수 있던 경전을 7천 권 복사하는 작업이었다.

그는 이 사업을 위해 기금을 모으려고 일본 전역을 구석구석 돌아다녔다. 어떤 부자들은 금을 백 냥씩이나 희사했으나, 대부분은 농부들한테서 몇 푼씩 받았다. 데쓰겐은 희사한 액수와는 상관없이 각 희사자에게 똑같이 감사를 표했다.

십 년이란 긴 세월을 여행한 후에, 그는 드디어 그 사업에 필요한 기금을 모았다. 바로 그때 우지 강이 범람해서 수천 명이 양식과 거처를 잃어버렸다. 데쓰겐은 그의 소중한 사업을 위해 모은 돈을 모두 이 가난한 사람들에게 주었다.

그러고서 그는 다시 그 사업을 위한 기금을 모으기 시작했다. 다시 한 번 필요한 돈을 모으기까지는 여러 해가 걸렸다. 그러자 전국에 전염병이 번졌고, 데쓰겐은 모은 모든 돈을 고통 받는 이들을 위해서 주어 버렸다.

또다시 그는 여행을 떠났고, 20년 후에는 일본어로 된 경전을 만드는 그의 꿈이 드디어 이루어졌다.

그 경전의 초판을 찍어 낸 인쇄판이 교토 오바꾸 산黃檗山에 있는 만복사萬福寺에 소장되어 있다. 일본 사람들은 자녀들에게, 데쓰겐은 그 경전을 모두 세 번 만들었는데 첫째와 둘째 것이 볼 수는 없지만 셋째 것보다 훨씬 더 값진 것이라고 말해 주고 있다.

하나는 독신이고 하나는 결혼한 두 형제가 농장을 갖고 있었는데, 그 농장은 땅이 비옥해서 풍부한 수확을 거두었다. 곡식의 반은 형이, 그리고 나머지 반은 아우가 가졌다.

처음에는 만사가 잘 돌아갔다. 그러다가 때때로, 결혼한 형이 밤에 자다가 깜짝 놀라 깨어서 생각하기 시작했다.

"이건 아무래도 공정하지 않아. 동생은 홀몸인데 수확의 반만 가져가고 있어. 나야 아내가 있고 자식이 다섯이나 있으니, 노년에 필요한 것은 다 보장되어 있는 셈이지. 하지만 가엾은 동생이 늙으면 돌봐 줄 사람이 누가 있겠나? 동생은 장래를 위해서 지금보다 훨씬 많이 저축을 해야지. 그러니 나보다 동생이 훨씬 더 필요한 게 분명하고말고."

그런 생각으로 그는 자리에서 나와 동생 집으로 몰래 들어가서 동생 곳간에다 곡식을 한 섬 쏟아 놓곤 했다.

독신인 동생 역시 밤이 되면 이런 생각에 시달리기 시작했다. 때때로 그는 자다가 깨어 혼잣말을 했다.

"이건 공정하지 않아. 형님은 형수님이 있고 아이들이 다섯이나 있는데도 수확의 반만 가져가고 있어. 나야 나만 먹고 살면 되지. 나보다 훨씬 더 많이 필요한 게 분명한 가난한 형님이 나하고 똑같이 나누어 가져서야 옳단 말인가?"

그래서 그는 자리에서 나와 곡식을 한 섬 지고 형의 곳간에 갖다 붓곤 했다.

하루는 둘이 동시에 자리에서 나왔고, 등에 곡식을 한 섬씩 짊어진 채 서로 마주쳤다!

여러 해 후, 그들이 세상을 떠난 다음, 그 이야기가 번져 나갔다.

그래서 마을 사람들이 사원을 하나 짓고 싶어 했을 때, 그들은 두 형제가 만났던 그 지점을 택했다. 마을 안에서 그곳보다 더 거룩한 장소를 생각할 수 없었기 때문이다.

> 종교적으로 사람들이 구분되는 중요한 점은
> 예배드리는 사람이냐
> 예배드리지 않는 사람이냐가 아니라
> 사랑하는 사람이냐
> 사랑하지 않는 사람이냐에 있다.

한 부자 농부가 어느 날 갑자기 집에 뛰어 들어오면서 고민에 찬 목소리로 외쳤다.

"여보, 마을에서 끔찍한 소문이 나돌고 있어요. 메시아가 이곳에 와 계시다는 거야!"

"그게 뭐가 그리 끔찍하다고 그러세요?" 하고 부인은 물었다.

"전 오히려 멋있는 일이라고 생각해요. 무엇 때문에 그리 속상해 하세요?"

"무엇 때문에 속상해하느냐고?" 남편은 외쳤다.

"우리는 이제껏 여러 해에 걸쳐 땀 흘려 일해서 드디어 성공했다고. 가축이 천여 두가 있고 곳간에는 곡식이 가득 차 있고, 나무에는 열매가 주렁주렁 달려 있다고. 그러나 이제 우리는 이 모든 것을 내주어 버리고 그분을 따라야 할 거요."

"진정하세요" 하고 부인이 위로하면서 말했다.

"우리 주 하느님은 좋으신 분이세요. 그분은 우리 유대인들이 이제껏 항상 얼마나 고통을 당해야만 했었는지 알고 계셔요. 우리에게는 파라오, 하만, 히틀러 같은 사람들이 누군가는 늘 있어 왔다고요. 하지만 우리 사랑하올 하느님은 그들 모두를 다루는 방법을 찾아내셨잖아요, 안 그래요? 그저 믿음을 가지세요, 여보. 그분께서 그 메시아를 다루는 방법도 역시 찾아내실 거예요."

92세인 골드슈타인은 폴란드에서 유대인 학살을 겪었고, 독일 강제수용소에서 지냈으며, 그 밖의 수많은 유대인 박해들을 겪었다.

"아, 주님!" 그는 말했다.

"우리가 당신의 선택된 백성이라는 것이 사실이지 않습니까?"

하늘에서 목소리가 대답했다.

"그렇다, 골드슈타인. 유대인들은 내가 선택한 백성이다."

"그렇지요, 그러시다면, 이제는 다른 누군가를 선택하실 때가 되지 않았습니까?"

한 무신론자가 벼랑에서 떨어졌다. 그는 밑으로 굴러 떨어지면서 작은 나무의 가지를 붙잡았다. 거기서 그는 위로는 하늘과 아래로는

천 길이나 떨어져 있는 바위 사이에 매달려서, 그 가지를 얼마 오래 붙잡고 있지 못할 것을 알고 있었다.

그때 한 생각이 떠올랐다.

"하느님!" 하고 그는 온 힘을 다해 소리쳤다.

침묵! 아무도 대답하지 않았다.

"하느님!" 그는 다시 외쳤다.

"당신이 존재하신다면 나를 구해 주십시오. 그러면 당신을 믿고 다른 사람들에게도 가르칠 것을 약속합니다."

다시 침묵!

그러다가 문득 엄청나게 우렁찬 목소리가 골짜기를 가로지르며 쩌렁쩌렁 울렸다. 그때 그는 너무나 놀라서 하마터면 그 가지를 놓아 버릴 뻔했다.

"그게 모두들 곤경에 처했을 때 하는 소리지."

"아녜요, 하느님, 그게 아녜요!" 그는 좀 더 희망적으로 소리쳤다.

"저는 다른 사람들 같지 않다고요. 보세요, 저는 직접 당신의 목소리를 듣고 난 다음에 벌써 믿기 시작한 걸 모르세요? 이제 하실 일은 저를 구해 주시기만 하면 됩니다. 그러면 당신의 이름을 세상 끝까지 전하겠습니다."

"좋다" 하고 그 목소리가 말했다.

"널 구해 주마. 그 가지를 놓아라."

"가지를 놓으라고요?" 하고 마음이 산란해진 그가 외쳤다.

"내가 미친 줄 아세요?"

전하는 말에 의하면,
모세가 홍해에 지팡이를 던졌을 때는
기대했던 기적이 일어나지 않았다고 한다.
첫 번째 사람이 바다 속으로 걸어 들어갔을 때야 비로소
파도가 물러나면서 물이 저절로 갈라지며
유대인들이 건너가도록 마른 길을
내주었다는 것이다.

물라 나스룻딘이 집에 불이 나자, 지붕으로 피해 올라갔다. 그가 지붕 위에 불안하게 앉아 있는데, 친구들이 길에 모여 담요를 펼쳐 들고서 외쳤다.

"뛰어내려, 물라, 뛰어내리라고!"

"아니, 싫어. 안 할래" 하고 물라는 말했다.

"난 자네들을 안다고. 내가 뛰어내리면 담요를 치워서 날 놀려 주려고 그러는 거지!"

"어리석게 굴지 마, 물라. 농담이 아냐. 이건 진정으로 하는 말이야. 어서 뛰어내려!"

"싫어. 난 자네들을 아무도 안 믿어. 그 담요를 땅에 내려놔. 그러면 뛰어내릴게."

구두쇠 노인의 기도를 우연히 엿듣게 되었는데 이러했다.
"만일 하느님께서 — 그 이름 영원토록 복되시기를 — 저에게 십만 달러를 주신다면, 저는 일만 달러를 가난한 이들에게 주겠습니다. 약속하겠습니다. 그리고 하느님께서 — 영원토록 영광을 받으시기를 — 저를 믿지 못하시겠다면, 그 일만 달러를 제한 나머지만 보내 주십시오."

조종사가 비행 도중에 승객들에게 말했다.
"죄송하지만 우리는 엄청난 위험에 처해 있음을 알려 드립니다. 이제 하느님만이 우리를 구하실 수 있으십니다."
한 승객이 한 사제에게 돌아앉으며 조종사가 무슨 말을 했느냐고 물었을 때 이런 대답을 들었다.
"아무 희망도 없답니다!"

메카로 순례를 떠난 한 수피 성자가 성전에 도착해 보니 순례자들이 거의 눈에 띄지 않자 기뻐했다. 그래서 그는 여유 있게 예배를 드릴 수 있었다.
규정된 종교 예식을 끝내고 나서, 그는 무릎을 꿇고 이마를 땅에 대고서 말했다.
"알라 신이여! 저는 평생 소원이 딱 하나 있습니다! 다시는 당신을 거스르지 않는 은총을 내려주십시오."
자비로우신 신은 이 기도를 듣고서 크게 웃으며 말했다.

"모두들 그 은혜를 청하지. 그러나 내가 이 은혜를 모두에게 내린다면, 그럼 나는 누구를 용서해 주란 말인가?"

죄인이 성전 안으로 겁 없이 걸어 들어가는 것을 보고 어쩌면 그처럼 대담하냐고 묻자 그는 대답했다.

"세상에 하늘이 덮어 주지 않는 사람은 단 하나도 없습니다. 땅이 받쳐 주지 않는 사람도 단 하나도 없고요 — 그리고 신은, 그분은 모든 이에게 땅과 하늘이 아니십니까?"

한 사제가 부제에게 지시하기를, 어떤 병자의 회복을 위해 기도할 열 사람을 모으라고 했다.

그들이 모두 들어왔을 때, 누군가가 사제의 귀에 속삭였다.

"저 사람들 중에 소문난 도둑들이 몇 있습니다."

"더욱 잘됐군" 하고 사제는 말했다.

"자비의 문이 닫혔을 때, 그들이야말로 그 문을 열게 하는 전문가들이지."

한 여행자가 길을 가다가 하루는 어떤 사람이 말을 타고 달려가는 것을 보았다. 그는 눈빛이 험악해 보이고 손에는 피가 묻어 있었다.

몇 분 후에 말을 탄 무리가 달려와서 그 여행자에게 손에 피가 묻은 사람이 지나가는 것을 보았느냐고 물었다. 그들은 그를 맹렬히 뒤쫓고 있다고 했다.

"그 사람이 누굽니까?" 하고 여행자가 물었다.

"못된 짓을 한 사람이지요." 그 무리의 지도자가 말했다.
"그러면 그를 잡아다가 법에 따라 처단하려고요?"
"아닙니다" 하고 지도자는 말했다.
"그에게 길을 가리켜 주려고요."

정의가 아니라 화해만이 세상을 구할 수 있다.
정의란 일반적으로 복수를 뜻하는 또 다른 낱말이다.

케르만의 시인 아화디가 어느 날 밤 자기 집 현관에 앉아 허리를 굽히고 물그릇을 들여다보고 있었다. 수피 샴스 에 타브리찌가 우연히 그 앞을 지나가다가 물었다.
"뭘 하고 있소?"
"물속에 뜬 달을 보며 묵상하고 있습니다."
"목이 부러지지 않은 다음에야, 왜 고개를 들어 하늘에 있는 달을 직접 바라보지 않소?"

"댁의 그 아기, 정말 예쁘네요!"
"이건 아무것도 아녜요.. 이애 사진을 보셔야 해요!"

말이란 실재의 부적당한 반영들이다.
어떤 사람이 자기는 타지 마할을 안다고 생각했다.
왜냐하면 누군가가 그에게 대리석 조각 하나를 보여 주면서
타지란 그런 돌조각들을 모아 놓은 것일 뿐이라고 했기 때문이다.
또 다른 사람은 양동이에 담긴 나이아가라 물을
본 적이 있었기 때문에 그 폭포가
어떻게 생겼는지 안다고 확신했다.

말(그리고 개념)이란 실재의 표지이지 그 반영이 아니다.
동방의 신비가들이 언명했듯이 현자가 달을 가리킬 때
천치가 보는 것은 그 손가락뿐이다!

한 취객이 어느 날 밤 비틀거리며 다리를 건너가다가 한 친구와 마주쳤다. 두 사람은 다리 난간에 기대어 잠시 이야기를 나누었다.
 "저 아래 저게 뭐지?" 하고 취객이 갑자기 물었다.
 "그건 달이야" 하고 그 친구가 말했다.
취객은 다시 바라보더니 못미더워하며 고개를 저었다.
 "그렇군. 그런데 대체 어떻게 내가 이 위에까지 올라왔지?"

우리는 거의 실재를 보는 일이 없다.
우리가 보는 것은 말이나 개념의 형태로 된
실재의 한 반영이건만
우리는 그것을 보고는 실재인 양 여긴다.
우리가 살고 있는 세계는
대부분이 하나의 지적知的 구조물이다.

말을 먹고 사는, 말로 사는 사람들은
말이 없다면 끝장이 날 것이다.

어떤 거지가 지나가던 사람의 소매를 와락 잡으며 커피 한잔 사 마시게 돈 좀 달라고 했다.

이것이 그 거지가 한 이야기다.

"한때는 선생님, 저도 당신과 똑같은 부자 사업가였답니다. 저는 열심히 일했습니다. 책상 위에는 이런 좌우명이 놓여 있었지요.

'창의적으로 생각하라. 단호하게 행동하라. 위험을 두려워 말라.'

저는 이 좌우명대로 살았고 돈이 계속해서 쏟아져 들어왔습니다. 그런데 … 그런데 …

(거지는 어깨를 들먹이며 흐느꼈다) …

청소부 아주머니가 그만 내 좌우명을 쓰레기와 함께 내다 버렸지 뭡니까."

신전 마당을 쓸 때
낡은 신문을 읽기 위해 멈추지 말라.
네 마음을 청소할 때
말을 가지고 장난하려고 멈추지 말라.

옛날에 무척 멍청한 한 사람이 있었다. 그는 매일 아침 잠이 깼을 때 옷을 찾기가 너무도 힘들어서, 잠이 깨면 고생할 일이 걱정되어 잠자리에 들기를 겁낼 정도였다.

어느 날 밤 그는 연필과 종이를 들고서 옷을 하나씩 벗을 때마다 그 품목과 벗어 놓은 자리를 정확하게 적었다. 그리고 다음 날 아침 그는 종이를 꺼내서 읽었다.

"바지" — 거기 바지가 있었다. 그는 바지를 입었다.

"저고리" — 거기 저고리가 있었다. 그는 저고리를 입었다.

"모자" — 거기 모자가 있었다. 그는 모자를 썼다.

그는 이 모든 것에 매우 만족해했는데, 그러다가 문득 한 끔찍한 생각이 들었다.

"그런데 나는 — 나는 어디 있지?"

그걸 적어 놓아야 하는 건데 그만 잊어버렸구나! 그래서 그는 찾고 또 찾았지만 허사였다. 그는 자기 자신을 찾을 수가 없었던 것이다.

이런 말을 하는 사람들은 어떤가?
"나는 내가 누군지 찾아내기 위해서
이 책을 읽고 있다."

고대 인도에서 가장 고명한 현자 중 하나는 스베타케투였다. 그는 이렇게 해서 지혜를 얻게 되었다. 그가 일곱 살도 채 안 되었을 때, 그의 아버지는 베다를 공부하러 그를 떠나보냈다. 소년은 부지런하고 총명했기에 모든 동료 학생들보다 뛰어났고, 어느덧 그 성전들에 대해 생존해 있는 가장 훌륭한 전문가로 여겨지게 되었다.

집에 돌아오자, 그의 아버지는 아들의 능력을 시험하고자 물었다.

"너는 배움으로써 달리 더는 배울 필요가 없다는 것을 배웠느냐? 발견함으로써 모든 괴로움이 멈춘다는 것을 발견했느냐? 가르쳐 줄 길이 없는 것들을 통달했느냐?"

"아닙니다" 하고 스베타케투는 정직하게 대답했다.

"그렇다면 얘야, 네가 배운 것은 모두 쓸데없는 것들이다."

스베타케투는 아버지 말씀의 진실성에 하도 감명을 받아, 말로 표현될 수 없는 지혜를 침묵을 통해서 발견하기 위해 길을 떠났다.

> 연못이 말랐을 때 바싹 마른 땅바닥에 누워 있는 물고기를
> 입김이나 침으로 적셔 주는 것이 그 물고기를
> 호수 속에 던져 주는 것을 대신할 수는 없다.
> 사람들을 교리로써 살리려 하지 말라.
> 현실 속으로 도로 내던져라.
> 무릇 삶의 비결은 삶 자체에서 찾을 수 있다.
> 삶에 대한 교리 속에서가 아니라.

한 구도자가 수피 자라루딘 루미에게 코란이 읽어서 좋은 책이냐고 물었다. 그는 대답했다.

"당신 자신이 그 책에서 도움을 받을 수 있는 상태에 있는지를 스스로에게 묻는 것이 더 나을 것이오."

한 그리스도인 신비가가 성경에 관해서 말하곤 했다.
"메뉴란 아무리 유용해도 먹기에는 좋지 않다."

지리 시간에 한 어린이가:
"경도와 위도의 이점은 어떤 사람이 물에 빠졌을 때 자기가 어느 지점에 있는지를 소리칠 수 있다는 데 있어요. 그러면 사람들이 찾아내게 될 테니까요."

지혜를 뜻하는 한 단어가 있기 때문에
사람들은 그것이 무엇인지를 안다고 상상한다.
그러나 아무도 "천문학"이란 말의 뜻을 이해함으로써
천문학자가 되지는 않는다.
온도계에 입김을 불어 눈금이 올라가게 했다고 해서
방이 따뜻하게 된 것은 아니다.

일본에 있는 어느 도서실 구석에 매일같이 한 노승이 평화롭게 묵상하고 앉아 있는 것이 눈에 띄었다.

"저는 스님께서 경전을 읽으시는 걸 한 번도 못 보았습니다" 하고 사서가 말했다.

"난 읽기를 배운 적이 없다네" 하고 노승이 대답했다.

"그건 수치로군요" 하고 사서가 말했다.

"스님 같으신 분은 글을 읽으실 수 있으셔야 합니다. 제가 가르쳐 드릴까요?"

"그래. 말해 보게." 노승은 자기 자신을 가리키면서 말했다.

"이 글자의 뜻이 무엇인가?"

하늘에서 해가 빛나고 있는데
왜 횃불을 켜나?
비가 억수로 쏟아지고 있는데
왜 땅에 물을 주나?

한 구루가 어떤 학자에게 약속하기를, 성서에 들어 있는 어떤 결론보다 더 중대한 계시를 하나 보여 주겠노라고 했다.

학자가 그 계시를 보여 달라고 열심히 청하자 구루는 말했다.

"비가 오는 날 바깥으로 나가서 하늘을 향해 머리와 팔을 치들고 있어 보시오. 그러면 첫 번째 계시를 받게 될 것입니다."

다음 날 그 학자는 와서 보고했다.

"선생님의 충고대로 했더니 목으로 물이 흘러내렸습니다 — 그리고 저는 더할 나위 없는 바보처럼 느껴졌습니다."
"보아하니" 하고 구루는 말했다.
"첫날로서는 그만하면 썩 그럴듯한 계시를 하나 받으셨군요, 안 그렇습니까?"

        제자: 지식과 깨달음의 차이가 무엇입니까?
        스승: 네가 지식을 갖추었을 때
             너는 길을 보여 주기 위해 횃불을 사용한다.
             네가 깨달았을 때
             너는 횃불이 된다.

바람이 몹시 부는 날 한 낙하산병이 비행기에서 뛰어내렸는데, 세찬 질풍에 백 마일이나 날려 갔다. 그러고는 낙하산이 나무에 걸려 버렸고, 그는 몇 시간 동안 공중에 매달려 도와 달라고 외치고 있었다.
드디어 누군가가 지나갔다.
"어떻게 거기 나무 위로 올라갔습니까?" 그 사람이 물었다.
낙하산병이 그에게 설명을 했다. 그러고는 물었다.
"제가 있는 데가 어딥니까?"
"나무 위로군요" 하고 그가 대답했다.
"이봐요! 당신은 성직자가 틀림없지요!"
그 낯선 이는 어리둥절해졌다.

"그렇소마는, 그걸 어떻게 알았지요?"
"그야, 당신이 한 말이 확실히 참말이었고, 또 마찬가지로 확실히 쓸데없는 말이었으니까요."

시인 카비르는 말한다.
학자가 말들을 숙고하며 이런저런 것들을 가르친다 한들
가슴에 사랑이 진하게 배어 있지 않다면 무슨 소용인가?
고행자가 울금색 옷을 입고 있다 한들
마음속에 아무 색깔도 없다면 무슨 소용인가?
당신의 윤리적 행동들을 빛이 날 때까지 문지른다 한들
내면에 음악이 없다면 무슨 소용인가?

한 무리가 중국 식당에서 음악을 즐기고 있었다.

문득 한 독주자가 어렴풋이 귀에 익은 곡을 연주하기 시작했는데, 모두들 그 곡을 알아듣기는 했으나, 아무도 그 이름을 기억할 수는 없었다. 그래서 그들은 멋지게 차려 입은 웨이터를 손짓해 불러서 그 연주자가 무엇을 연주하고 있는지 알아 오라고 부탁했다.

웨이터는 식당 마루를 가로질러 어기적어기적 걸어갔다가 오더니 얼굴에 의기양양한 빛을 띠고서 속삭이며 선언했다.

"바이올린이래요."

영성에 대한 학자의 기여!

마을 극장에서 연극 공연 도중에 갑자기 막이 내리면서 매니저가 관중 앞으로 걸어 나와서 말했다.

"신사 숙녀 여러분, 몸소 주연 배우를 맡으신 위대하시고 사랑하올 우리 시장님께서 방금 분장실에서 치명적인 심장마비를 일으키셨음을 알려 드려야 하는 것을 깊이 마음 아프게 생각합니다. 따라서 공연을 중단해야 되겠습니다."

이 발표를 듣고서 첫 줄에 앉아 있던 몸집이 큰 중년 부인이 일어서며 흥분해서 외쳤다.

"어서요! 어서 닭국을 드리세요!"

"부인, 심장마비는 치명적이었습니다. 그분은 숨을 거두셨습니다."

"그러니 당장 닭국을 드리세요!"

매니저는 어쩔 줄을 몰랐다. 그는 호소했다.

"부인, 죽은 사람한테 닭국이 무슨 소용이 있겠습니까?"

"해가 될 건 또 뭐예요!" 하고 그 부인이 외쳤다.

<blockquote>
닭국이 죽은 사람에게 미치는 영향은
종교가 의식 없는 사람들에게 미치는 영향과 같은데,
그런 사람들의 수는, 맙소사, 무수하도다.
</blockquote>

한 스승이 마당에서 외치며 언쟁하는 소리를 듣고 깜짝 놀랐다. 그는 자기 제자들 가운데 하나가 그 언쟁의 중심인물이라는 말을 듣고는, 그를 불러다가 소란의 원인이 무엇인지를 물어보았다.

"학자들을 대표하는 일단이 선생님을 뵈러 왔기에, 선생님께서는 책과 생각으로 가득 차서 지혜라고는 없는 사람들과는 시간을 낭비하시지 않는다고 했습니다. 이들은 자만심을 갖고 도처에서 사람들 사이에 교조들과 분열들을 만들어 내고 있는 그런 사람들입니다."

"맞는 말이로군. 맞는 말이야." 스승은 미소를 지으며 중얼거렸다.

"하지만 어디 말해 보게. 그 학자들과 다르다고 자처하는 자네의 자만심이 지금 이 갈등과 분열의 원인은 아닌가?"

어느 힌두교 현자가 『예수의 일생』을 읽어 달라고 했다.

그는 예수께서 나자렛 사람들한테 배척당하신 사실을 알게 되자 소리쳤다.

"회중이 쫓아내고 싶어 하지 않는 랍비는 랍비가 아니지."

그리고 예수를 죽게 한 장본인들이 제관들임을 알고 나서는 한숨을 쉬며 말했다.

"사탄이 온 세상을 다 현혹시키기는 힘들거든. 그래서 지구의 각 부분에다가 탁월한 성직자들을 지명해 두는 것이다."

어느 주교의 한탄:
"예수께서 가시는 곳마다 혁명이 일어났건만
내가 가는 곳마다 사람들은 차 대접을 하는구나!"

무수한 사람들이 당신을 따르게 되거든
어디서 당신이 잘못되어 갔는지를 스스로에게 물어라.

한 유대인 저자의 설명에 따르면 유대인들은 개종시키려고 애쓰는 사람들이 아니다. 랍비들은 개종할 가망이 있는 사람들을 단념시키기 위해 세 가지로 각별히 노력할 의무가 있다!

영성은 엘리트들, 특별히 정진하는 사람들을 위한 것이다. 영성은 사람들에게 받아들여지게 되려고 타협하지는 않는 법이며, 따라서 쓴 약이 아니라 단 꿀을 원하는 대중과 어울리지는 않는 법이다. 한번은 큰 무리가 예수를 따라가고 있을 때, 그분은 그들에게 이런 말씀을 하신 적이 있다.

"사실 여러분 가운데 어느 누가 망대를 세우려 한다면, 완성할 만큼 자금이 있는지 우선 앉아서 계산하지 않겠습니까? 혹은 어느 임금이 다른 임금과 싸우러 나간다면, 이만 명을 거느리고 자기를 거슬러 오는 그를 만 명으로 당해 낼 수 있을지 앉아서 우선 생각해 보지 않겠습니까? 만일 당해 낼 수 없다면, 그가 아직 멀리 있을 때에 사신을 보내어 타협할 것입니다. 이처럼 여러분 가운데 누구든지 자기 소유를 모두 버릴 준비가 되어 있지 않은 사람은 내 제자가 될 수 없습니다."

사람들은 진실을 원하지 않는다.
재확인을 원한다.

한 설교가가 친구에게 말했다.

"이번에 우리는 우리 교회가 여러 해 동안 겪어 온 가운데 가장 놀라운 쇄신을 경험했다네."

"자네 교회 신자들이 얼마나 늘었는데?"

"하나도. 500명을 잃었지."

> 예수께서라면 박수갈채를 보내셨으리라.
> 경험이 입증하는 바에 따르면, 맙소사,
> 우리의 종교적 확신들과 개인적 거룩함과의 관계는
> 한 남자의 야회복과 그의 소화消化와의 관계와 같다.

여러 세기 동안 죽어 있던 한 고대 철학자가 그의 후계자들이 그의 가르침을 잘못 전하고 있다는 말을 들었다. 인정 많고 진리를 사랑하는 사람이었던지라, 그는 많은 노력 끝에 며칠 동안 다시 지구로 돌아갈 수 있는 특혜를 받았다.

그는 후계자들에게 자신의 신원을 확신시키는 데 여러 날이 걸렸다. 일단 신원이 확인되자, 그들은 그가 해야 할 말에 대해서는 이내 모든 관심을 잃고, 그가 무덤에서 다시 살아나오게 된 비결을 밝혀 달라고 간청했다.

무척 애를 쓰고 난 뒤에야 마침내 그는 이 비결을 알려 줄 길이란 없다는 것을, 그리고 그보다는 그의 가르침을 본래대로 순수하게 회복시키는 것이 인류를 위해 한없이 더 중요하다는 것을 그들에게 설득시키려 했다.

쓸데없는 일! 그들이 그에게 한 말:

"중요한 것은 선생께서 가르친 것이 아니라 그것에 대한 우리의 해석이란 것을 모르십니까? 결국 선생께서는 철새에 불과하지만 우리는 여기서 영구히 살고 있으니 말입니다."

부처님이 죽으면 학파들이 생겨난다.

모든 철학자 · 성직자 · 법학박사들이 물라 나스룻딘을 재판하기 위해 법정에 모였다. 고발 사유는 중대한 것이었다. 그는 마을에서 마을로 돌아다니면서 "당신네 소위 종교 지도자들은 무지하고 정신이 헷갈려 있다"고 말했던 것이고, 그래서 그는 이단으로 고발되었던 것인데, 이에 해당되는 형벌은 사형이었다.

"먼저 이야기해도 좋소" 하고 칼리프가 말했다.

물라는 더할 나위 없이 침착하게 말했다.

"종이와 펜을 가져다가 이 존엄한 모임에 참석한 분들 가운데 가장 지혜로운 열 분에게 나누어 드리게 하십시오."

나스룻딘에게는 재미나게도, 그 거룩한 사람들 사이에서 누가 더 지혜로운가를 결정하느라고 큰 논란이 벌어졌다. 이윽고 언쟁이 가라앉고 선택된 열 사람이 각각 종이와 펜을 받게 되자 나스룻딘이 칼리프에게 말했다.

"각자가 다음 질문에 답을 쓰게 하십시오.

물질은 무엇으로 되어 있나?"

답들을 적어 칼리프에게 건네주자 그가 그 답들을 읽었는데, 각양각색이었다. 혹은 "아무것으로도 되어 있지 않다", 혹은 "분자로 되어 있다", 혹은 "에너지", 혹은 "빛", 혹은 "모른다", 혹은 "형이상학적 존재" 등등.

나스룻딘은 칼리프에게 말했다.

"물질이 무엇으로 되어 있는지에 대해 의견 일치에 이를 때 비로소 그들은 영에 대한 질문들을 재판하기에 합당하게 될 것입니다. 그들 자신을 이루고 있는 것에 관해서조차 합의할 수 없으면서, 내가 이단자라는 의견에는 만장일치라니 이상하지 않습니까?"

해로운 것은 우리네 교의의 다양성이 아니라
우리의 독단적 교조주의다.
따라서 만일 우리가 저마다 하느님의 뜻이라고
굳게 확신하는 것을 행한다면
그 결과는 완전한 대혼란일 것이다.
확신이 바로 죄인이다.
영적인 사람은 종교적 광신자들이 모르는
마음의 상태(불확실함)를 안다.

어느 날 밤, 한 어부가 어떤 부자의 땅에 몰래 들어가 물고기가 가득한 호수에 그물을 던졌다. 주인이 그 소리를 듣고 경비원들한테 그를 찾아 붙들어 오게 했다.

어부는 많은 사람들이 횃불을 켜 들고 구석구석 자기를 찾는 것을 보고서 급히 몸에 재를 바른 다음 나무 밑에 앉았다. 인도에서는 성자는 그렇게 하는 게 관례이기에. 주인과 경비원들은 오랫동안 찾아보았지만 아무 밀어자도 찾을 수가 없었다. 그들이 찾아낸 사람이라고는 재를 뒤집어쓰고 나무 밑에 앉아 묵상에 잠겨 있는 한 성자뿐이었다.

다음 날 위대한 현자가 그 부자의 땅에 거처를 정하기로 작정했다는 소문이 온 마을에 퍼졌다. 사람들은 꽃과 과일과 음식과 많은 돈까지 가지고 와서 그에게 경의를 표했다. 성자에게 선물을 드리면 신의 축복이 내린다고 독실하게들 믿었기 때문이다.

현자로 변한 그 어부는 자신의 행운에 깜짝 놀랐다.

"내 손으로 일하기보다는 이 사람들의 믿음 덕택에 먹고 사는 것이 더 쉽구나" 하고 그는 혼잣말을 했다. 그래서 그는 묵상하기를 계속했고 다시는 일하러 돌아가지 않았다.

어떤 왕이 꿈을 꾸었는데, 한 왕은 천당에 있고 한 사제는 지옥에 있는 것을 보았다. 그가 어떻게 이럴 수가 있을까 하고 의아해하고 있는데, 그때 한 목소리가 들려왔다.

"그 왕은 사제들을 존경했기 때문에 천당에 있다. 그 사제는 왕들과 타협을 했기 때문에 지옥에 있다."

수녀가 자기 반 아이들에게 커서 무엇이 되고 싶냐고 묻자, 꼬마 토미는 비행기 조종사가 되고 싶다고 했다. 엘시에는 의사가, 보비는 수녀의 마음이 흐뭇하게도 신부가 되고 싶다고 했다. 그러자 마리아가 일어나서 자기는 매춘부가 되고 싶다고 했다.

"뭐가 되겠다고, 마리아? 다시 말해 보렴."

"저는 커서 매춘부가 되겠습니다" 하고 마리아는 자기가 무엇을 원하는지 정확히 아는 사람처럼 자신 있게 말했다. 하도 놀라서 말문이 막혀 버린 수녀는 즉시 마리아를 다른 아이들과 분리시켰고, 그 애를 본당신부한테 데리고 갔다.

본당신부는 대충 수녀의 설명을 들었으나 그 죄인한테 직접 사실을 확인해 보고 싶어 했다.

"무슨 일이 있었는지 네가 직접 이야기해 보렴, 마리아."

마리아는 이렇게 온통 야단법석들인 데 좀 놀라면서 말했다.

"수녀님께서 커서 뭐가 되고 싶으냐고 하시길래 매춘부가 되고 싶다고 했어요."

"매춘부prostitute라고 했지?" 신부는 거듭 확인했다.

"네."

"이제야 안심이 되는군! 우린 네가 개신교 신자Protestant가 되겠다고 한 줄로 생각했단다!"

랍비 아브라함은 모범적인 삶을 살았다. 그의 때가 이르자, 그는 자기 수도회의 축복에 싸여 이 세상을 떠났다. 그들은 그를 성인으로 여겼고, 또 그를 자기들이 하느님께 받은 모든 축복의 주된 원인으로 생각해 왔다.

저쪽 세상에서도 다를 바가 없었으니, 천사들이 소리쳐 찬미하며 그를 환영하러 나왔다. 축제 행사 동안, 랍비는 움츠러들고 심란한 듯 보였다. 그는 두 손으로 머리를 감싸고서 위로받기를 마다했다.

마침내 그는 재판석 앞에 서게 되었고, 거기서 그는 자신이 어떤 무한한 사랑스런 친절하심에 감싸여 있는 것을 느꼈는데, 그때 한없이 부드러운 목소리가 들렸다.

"무엇이 너를 그처럼 상심케 하느냐, 얘야?"

"지극히 거룩하신 분이시여" 하고 랍비는 말했다.

"저는 여기서 베풀어 주시는 이 모든 영광을 받을 자격이 없습니다. 비록 사람들에게 모범으로 여겨졌다 하더라도, 저의 삶은 잘못되었음이 분명합니다. 제 외아들 놈이 저의 모범과 가르침에도 불구하고 우리의 신앙을 저버리고 그리스도인이 되었으니까요."

"그 때문에 상심하지 말아라, 얘야. 난 네가 어떻게 느끼고 있는지 정확히 이해한단다. 나도 똑같은 일을 한 아들이 하나 있으니까."

아일랜드 벨파스트에서 가톨릭 사제와 개신교 목사와 유대교 랍비가 신학적인 격론을 벌이고 있었다.

그때 갑자기 한 천사가 그들 가운데 나타나서 말했다.

"하느님께서 당신들에게 축복을 보내십니다. 평화를 위해 한 가지 소원을 말한다면, 하느님께서 이루어 주실 것입니다."

목사가 말했다.

"우리 사랑스런 아일랜드에서 모든 가톨릭 신자들이 사라지게 해 주십시오. 그러면 평화가 절정에 달하게 될 것입니다."

사제가 말했다.

"우리 거룩한 아일랜드 땅에 개신교 신자가 단 한 사람도 남지 않게 해 주십시오. 그러면 이 섬에 평화가 올 것입니다."

"그럼 당신 소원은 무엇입니까, 랍비?" 하고 천사가 말했다.

"당신은 아무 소원도 없습니까?"

"없습니다" 하고 랍비가 말했다.

"이 두 신사의 소원만 들어주시면 저는 만족하겠습니다."

소년: 너 장로교 신자니?
소녀: 아니, 우린 다른 혐오파에 속해.

한 사냥꾼이 나무 뒤에서 뭔가 움직이자 자기 개를 보냈다. 그 개는 여우 한 마리를 쫓아가서 사냥꾼이 여우를 쏠 수 있는 위치로 몰아넣었다.

여우가 죽어 가면서 사냥개에게 말했다.

"너는 여우하고 개는 형제간이란 말을 들은 적이 없니?"

"들었지, 정말이야" 하고 개는 말했다.

"하지만 그건 이상주의자들과 명청이들을 위한 말이야. 실제적인 정신을 가지고 행동하는 자들한테는 형제 관계란 이해관계가 일치하는 데서 생기게 되지."

그리스도인이 불자에게 말했다.
"우리는 형제일 수도 있지요, 정말로.
하지만 그건 이상주의자들과 멍청이들을 위한 말입니다.
실제적인 정신을 가진 사람들한테는
형제애란 신앙의 동일성에 달려 있지요."
슬프도다, 대부분의 사람들이
미워하기에는 충분한 종교를 지니고 있건만
사랑하기에는 모자라는 종교를 가지고 있다.

마하트마 간디의 자서전에 따르면, 남아프리카 학창 시절에 그는 성경 특히 산상설교에 깊은 관심을 갖게 되었다고 한다.
그리스도교 정신이야말로 수세기에 걸쳐 인도를 괴롭혀 온 카스트 제도에 대한 답이라고 확신하고서 그는 그리스도인이 될 것을 진지하게 생각했었다.
어느 날 그는 미사에 참석해서 설교를 들으려고 어떤 성당에 갔다가 입구에서 제지당했다.
문지기는 그에게, 미사에 참석하고 싶으면 흑인들을 위해 따로 마련된 성당으로 가는 것은 환영한다고 점잖게 말해 주었다.
그는 떠났고 다시는 돌아오지 않았다.

어느 드러난 죄인이 파문을 당해 성당 출입이 엄금되었다.
그는 하느님께 신세타령을 했다.

"저들이 저를 못 들어가게 합니다, 주님, 죄인이라서요."
"뭘 그런 걸 가지고 투덜대느냐?" 하고 하느님께서 말씀하셨다.
"저들은 나도 못 들어가게 하려 하는데!"

교회나 회당이나 존속하기 위해서 돈을 모을 필요가 있다. 그런데 한 유대교 회당이 있었는데, 거기서는 그리스도인 교회에서처럼 헌금 바구니를 돌리지 않았다. 그들의 모금 방법은 거룩한 축제일들을 앞두고 예약된 좌석표를 파는 것이었다. 왜냐하면 그때가 교인들이 제일 많이 모이고 가장 너그러워지는 날이기 때문이었다.

그런 거룩한 어느 날, 한 꼬마가 회당에 아버지를 찾으러 왔다. 그러나 수위가 표를 안 가졌다고 들여보내지 않았다.

"있잖아요" 하고 꼬마는 말했다.
"매우 중대한 일 때문예요."
"다들 그렇게 말하지" 하고 문지기는 냉정하게 대답했다.

꼬마는 어쩔 줄 몰라 하며 애원하기 시작했다.

"제발 좀 들여보내 주세요, 아저씨. 이건 생사에 관한 문제라고요. 일 분만 있다가 나올게요."

"좋다, 그렇게 중요한 일이라면." 수위는 부드러워졌.
"하지만 기도하다가 나한테 들키기만 해 봐라!"

슬프도다, 조직화된 종교는 그 한계가 있다!

그 설교자는 보통이 넘는 웅변가였고 모두들, 너나없이 감동한 나머지 눈물을 흘렸다. 하기야 엄밀히 모두는 아니었으니, 맨 앞줄에 앉은 한 신사는 그 설교에 별로 감동되지 않은 얼굴로 바로 앞에서 그를 똑바로 바라보고 있었기 때문이다.

예배가 끝난 다음에 어떤 사람이 그에게 말했다.

"당신도 설교를 들으셨겠지요?"

"물론, 귀머거리는 아니니까요" 하고 무표정한 신사가 말했다.

"어떻게 생각하세요?"

"매우 감동적이어서 울 수도 있겠다고 생각했습니다."

"그런데 왜 안 우셨는지 여쭤 봐도 될까요?"

"왜냐하면" 하고 그 신사는 말했다.

"나는 이 구역에 속한 신자가 아니니까요."

한 이야기에 따르면, 하느님께서 세상을 창조하시고 그 아름다움을 기리셨을 때, 사탄도 그 나름으로 환희를 나누었다고 한다. 사탄은 잇달아 일어나는 경이로운 광경을 관상하면서 줄곧 이렇게 외쳤다는 것이다.

"얼마나 좋은지요! 우리 이 세상을 조직화합시다!"

"그리고 거기서 모든 재미를 없애 버립시다!"

평화 같은 어떤 것을
조직화하려고 시도해 본 적이 있나?
그렇게 하는 순간 그 조직 내부에
권력 분쟁과 집단 전쟁들이 일어나게 된다.
평화를 지니는 유일한 길은
생긴 대로 자라게 내버려 두는 것이다.

어떤 주교가 영세 예비자들을 모아 놓고 세례를 받을 만한지 시험하고 있었다.

"여러분이 가톨릭 신자라는 것을 다른 사람들이 알 수 있는 표시가 되는 것은 무엇일까요?" 하고 그는 물었다.

아무 대답이 없었다. 아무도 이 질문을 예상하지 못했던 것이 분명했다.

그러자 주교는 그 질문을 다시 한 번 되풀이했는데, 이번에는 정답의 실마리를 주기 위해서 십자성호를 그어 보이면서 말했다.

"사랑입니다" 하고 문득 한 예비자가 답을 알아내고 말했다.

주교는 깜짝 놀라며 당황했다. 하마터면

"틀렸습니다"라고 말할 뻔했다가 가까스로 자제했다.

어떤 사람이 어린이들을 위한 책에 대한 주교의 발행 허가를 청했는데, 간단한 삽화 몇 개와 복음서 몇 구절이 들어 있는 책이었다. 그 이상은 단 한 마디도 없었다.

발행 허가가 났는데, 관례적인 단서가 붙어 있었다.

"이 발행 허가는 주교가 이 책에 표현된 의견들에 반드시 동의한다는 의미는 아니다."

한층 조직화된 함정들!

어떻게 영적 단체들이 커지냐 하면

어떤 구루가 자기 제자의 영적 진보에 매우 감명을 받고서 이제 더는 지도할 필요가 없다고 판단하여, 그 제자를 어느 강둑 위에 있는 작은 오두막에 혼자 두고 떠났다.

그 제자는 매일 아침 목욕재계를 한 다음 허리에 두르는 간단한 옷을 널어 말렸다. 그것이 그의 유일한 소유물이었다!

하루는 쥐들이 그 옷을 갈기갈기 찢어 놓은 것을 보고 그는 어이가 없었다. 그래서 마을 사람들한테 다른 옷을 구걸해야 했다. 쥐들이 이 옷도 갉아먹어 구멍을 내자 그는 새끼 고양이를 하나 구했다.

이제 쥐 때문에는 아무 문제가 없었는데, 이번에는 자기 양식만이 아니라 우유도 덧붙여 구걸해야 했다.

"구걸하기가 너무 힘들군" 하고 그는 생각했다.

"마을 사람들에게도 부담스럽고. 내가 암소를 키워야지."

암소를 갖게 되자, 꼴을 구걸해야 했다.

"내 오두막 주위에 있는 땅을 가는 게 차라리 쉽겠다" 하고 그는 생각했다. 그러나 그것도 번거로운 일임을 알게 되었는데, 그러다 보니 묵상할 시간이 거의 없게 된 것이다. 그래서 자기 대신 그 땅을 갈 일꾼들을 고용했다.

이제 그 일꾼들을 감독하는 일이 또 고역이 되자, 자기와 더불어 이 일을 나누어서 할 부인과 결혼을 했다.

멀지 않아서 물론 그는 그 마을에서 제일가는 부자들 가운데 하나가 되었다.

몇 해 후에 구루가 그곳을 들르게 되었는데, 한때 오두막 하나만 서 있던 그 자리에 궁전 같은 집이 서 있는 것을 보고 깜짝 놀랐다. 그는 하인 한 사람에게 말했다.

"이곳이 내 제자 하나가 살던 곳이 아닌가?"

그가 대답을 듣기 전에 그 제자가 직접 나타났다.

"여보게, 이게 다 어찌 된 건가?" 하고 구루는 물었다.

"믿어지지 않으실 겁니다, 선생님" 하고 그는 말했다.

"하지만 달리 제 옷을 간직할 수 있는 방법이 없었습니다!"

파선이 잦은 어느 바위 많은 해변에 한때, 무너질 듯한 작은 구명소가 있었다.

그 집은 오두막에 지나지 않았고 배도 하나뿐이었으나, 그 구명소의 몇 안 되는 일꾼들은 헌신적인 사나이들로서 바다를 끊임없이 지켜보았고, 자신들의 안전은 거의 염두에 없이 어디선가 배가 파선되었다는 어떤 증거만 있으면 겁내지 않고 폭풍 속으로 뛰어들었다. 그리하여 많은 생명을 구했고, 그 구명소는 유명해졌다.

그 구명소의 평판이 높아지자, 이 뛰어나게 훌륭한 일을 함께 하기를 바라는 이웃 사람들의 욕망도 높아졌다. 그들은 시간과 돈을 너그럽게 제공했고, 따라서 새 회원들이 등록되었으며, 새 배를 사고 새 선원들이 훈련되었다. 그 오두막은 편안한 건물로 대치되어, 바다에서 구출된 사람들의 필요에 적절히 응할 수 있게 되었다. 물론 파선이 날마다 일어나지는 않았으므로 그 건물은 인기 있는 집회 장소가 되었다 — 일종의 지역 클럽 같은 곳이 된 것이다.

시간이 흐르자, 회원들은 사교적인 일로 무척 분주해져서 구명 작업에는 별로 관심이 없었다. 하기야 그들은 달고 다니는 배지에 씌어진 "구명"이라는 표어를 당당하게 뽐내고 있었지만, 사실은 어떤 사람들이 실제로 바다에서 구출되면 그것은 항상 퍽 귀찮은 일이 되었다. 왜냐하면 그 사람들은 지저분하고 병든 사람들이며 카펫과 가구를 더럽혔기 때문이다.

이내 그 클럽의 사교 활동들이 엄청나게 늘어나고 구명 활동은 극히 드물어지자, 한 클럽 모임의 발표회 때에 몇몇 회원들이 본래의 목적과 활동에로 돌아가야 한다고 주장했다. 투표가 있었고, 소수에 속한다는 사실이 판명된 이들 말썽꾼들은 그 클럽을 떠나서 다른 클럽을 시작하라는 권고를 받게 되었다.

그들은 그 해변에서 조금 더 멀리 내려가서 바로 그대로 했다. 그들은 그처럼 욕심 없고 용감했기에 얼마 안 가서 영웅적인 활동으로 유명해지게 되었다. 그래서 회원이 늘었고, 오두막도 헐어 다시 짓게 되었고 … 그리고 그들의 이상은 질식되었다.

오늘날 그 지역을 찾아가 보면, 해변에 점점이 흩어져 있는 수많은 독특한 클럽들이 보인다. 저마다 기원과 전통을 당연히 자랑스럽게 여기는 클럽들이다.

여전히 그 부근에서는 파선이 일어나고 있으나 아무도 별로 상관하지 않는 것 같다.

어느 사막 나라에서 나무들이 귀하고 열매를 구하기가 힘들었다. 하느님께서는 모든 사람이 열매를 충분히 갖게 하시기 위해 한 예언자에게 나타나 말씀하셨다고 했다.

"이것은 지금 그리고 대대로 지켜야 할 내 계명이다. 아무도 하루에 열매를 하나 이상 먹어서는 안 된다. 이것을 거룩한 책에 기록하여라. 누구든 이 법을 어기는 자는 하느님을 거스르고 인류를 거슬러 죄를 범한 것으로 간주되리라."

그 법은 과학자들이 그 사막을 초원으로 바꿀 방법을 발견하기까지는 충실하게 지켜졌다. 그 나라는 곡식과 가축들이 풍부하게 되었다. 그래서 나무들은 따 주지 않은 열매 때문에 무거워서 휘어졌다. 그러나 그 열매법은 그 나라의 국정과 종교 당국에 의해 계속 실시되었다.

누구든지 땅에서 과일이 썩게 내버려 두는 것을 인류를 거스르는 죄라고 지적하는 자는 신성모독자요 도덕의 적이라고 불리었다. 하느님의 거룩한 말씀의 지혜를 의심하는 이 사람들은 교만한 정신인 이성에 의해 인도되고 있으며, 진리를 받아들일 수 있는 유일한 자세인 신앙과 순종의 자세가 결여되어 있다고 했다.

교회의 설교에서도 그 법을 어긴 사람들이 결국 끝이 나쁘게 된 사례들을 종종 이야기했다. 똑같은 수의 사람들이 그 법을 충실하게 지켰으나 끝이 나쁘게 된 사례나 또는 그 법을 어겼으나 잘살게 된 수많은 사람들의 이야기는 한 번도 언급되지 않았다.

그 법을 하느님께 받았다고 선포한 그 예언자가 오래 전에 죽었기 때문에 그 법을 바꾸기 위해 아무것도 할 수가 없었다. 그는 상황의 변화에 대응하여 법을 바꿀 용기와 지각이 있었을 것이다. 왜냐하면 그는 하느님의 말씀을 숭배해야 할 것으로가 아니라 사람들의 복리를 위한 것으로 받아들였었기 때문이다.

한 가지 결과로, 어떤 사람들은 공공연히 그 법을 비웃고 하느님과 종교를 비웃었다. 다른 사람들은 그 법을 몰래, 그리고 늘, 어떤 죄의식을 갖고 어겼다. 대다수 사람들은 그 법을 엄격하게 신봉했고, 자기들이 내던져 버리기를 무척 두려워하는 그 무의미하고 케케묵은 관습을 고수하는 것 하나 때문에 스스로를 거룩하다고 생각하기에 이르렀다.

참으로 종교적인 사람들 가운데서는
법을 지키되 그 법을 두려워하는 일도 없고 …

"생업으로는 무슨 일을 하세요?" 하고 어느 칵테일파티에서 한 여인이 어떤 젊은이에게 물었다.
"낙하산병입니다."

"낙하산에서 뛰어내리자면 무시무시하겠네요."
"글쎄요, 사실 두려운 순간들이 있지요."
"가장 겁났던 경험을 이야기해 주세요."
"그러죠" 하고 낙하산병은 말했다.
"어떤 잔디밭 위에 내렸는데 거기에
'잔디밭에 들어가지 마시오!'
라는 팻말이 있었을 때였다고 생각됩니다."

… 숭배하는 일도 없고 …

한 하사관이 신병 소대를 모아 놓고 소총 개머리를 왜 호두나무로 만드는지 아느냐고 묻고 있었다.

"다른 나무보다 더 단단하기 때문입니다" 하고 한 사람이 말했다.
"틀렸다" 하고 하사관은 말했다.
"더 탄력이 있기 때문입니다."
"또 틀렸다."
"더 반들거리기 때문입니다."
"너희들 정말 배워야 할 게 많구먼. 호두나무를 사용하는 이유는 간단하다.
규정에 그렇게 적혀 있기 때문이다!"

... 절대화하는 일도 없고 ...

한 철도원이 기차에서 일어난 살인 사건을 다음과 같이 보고했다.
 "살인자는 플랫폼에서 객차로 들어와서 희생자를 다섯 번 깊숙이 찔러 매번 치명상을 가한 다음, 맞은편 문으로 해서 선로 위로 뛰어 내렸음 — 따라서 철도 규정을 어겼음."

한 귀족이 대성당을 태워 버렸기 때문에 비난을 받았다.
그는 말하기를, 그 일은 정말 미안하게 생각하지만,
실은 그 안에 대주교가 있다는 제보를
(나중에 알고 보니 거짓 정보였지만)
받았었다고 했다.

어느 마을에서 어떤 사람이 전화번호 안내를 받으려고 016번을 돌렸다. 신호가 가자 한 여자의 목소리가 말했다.
 "죄송하지만 그 번호를 아시려면 015번을 돌리셔야 합니다."
 015번을 돌리고 신호가 가자, 방금 들은 것과 똑같은 목소리가 들리는 것 같았다.
 "혹시 조금 전에 나와 통화한 바로 그분이 아닙니까?"
 "그렇습니다, 오늘은 제가 양쪽 일을 다 보고 있습니다."

… 턱없이 확대하는 일도 없으며 …

스미스 씨가 아내를 죽였는데, 그의 변호인의 주장인즉 일시적인 정신이상이라는 것이었다.

스미스 씨는 증인석에 있었고, 그의 변호인이 그에게 그 범행을 본인의 진술로 묘사하도록 요청했다.

"재판장님" 하고 그는 말했다.

"저는 규칙적인 습관을 지닌 조용한 사람으로서 온 세상과 평화롭게 사는 사람입니다. 매일 일곱 시에 일어나서 일곱 시 반에 아침을 들고, 아홉 시에 직장에 나타나고, 오후 다섯 시에 직장을 떠나고, 여섯 시에 집에 와서 식탁에 저녁이 준비되어 있는 것을 보고 그걸 먹고, 신문을 읽고 텔레비전을 보고, 그러고 나서 밤에 자러 갑니다. 문제의 그날이 되기까지는요."

여기서 그는 숨이 가빠지더니 얼굴에 분노의 빛이 떠올랐다.

"계속하십시오" 하고 변호사가 조용히 말했다.

"재판장께 무슨 일이 있었는지 이야기해 드리십시오."

"문제의 그날, 저는 일곱 시에 일어나 평소대로 일곱 시 반에 아침을 먹고 아홉 시에 출근했다가 오후 다섯 시에 퇴근해서 여섯 시에 집에 도착했는데, 어이없게도 식탁에 저녁 식사가 놓여 있지 않은 걸 발견했습니다. 아내도 기척조차 없었습니다. 그래서 집안을 다 뒤졌는데, 아내가 낯선 남자와 침대에 누워 있는 것을 찾아냈습니다. 그래서 아내를 쏘았지요."

"아내를 죽였을 당시의 감정을 묘사하십시오" 하고 변호인은 자기 주장을 관철시키려고 애쓰며 말했다.

"갈 수 없을 만큼 격노했습니다. 그냥 정신이 나가 버렸던 것입니다, 재판장님, 배심원 신사 숙녀 여러분!" 하고 외치면서 그는 주먹으로 자기 의자의 팔걸이를 내리쳤다.

"저는 여섯 시에 집에 오면 무슨 일이 있어도 식탁에 저녁 준비가 되어 있을 것을 절대적으로 요구합니다!"

… 악이용하는 일도 없다.

물라 나스룻딘이 하루는 길에서 다이아몬드를 하나 주웠다. 그런데 법에 따르면, 발견한 사람이 주인이 될 수 있으나, 다만 먼저 그 사실을 세 번 시장 한가운데서 알려야 했다.

나스룻딘은 그 법을 무시하기에는 너무도 종교적인 심성을 지녔는가 하면, 자기가 발견한 것을 잃어버릴 모험을 하기에는 너무나 욕심이 많았다. 그래서 모두들 깊이 잠든 한밤중에 연달아 세 번에 걸쳐 시장 한가운데로 가서는 부드러운 목소리로 사실을 고했다.

"나는 시내로 난 길에서 다이아몬드를 하나 주웠소. 임자를 알고 있는 사람은 누구든지 즉시 나를 만나도록 하시오."

물라의 말에 더 지혜롭게 응수할 사람은 물론 없었다 — 한 사람 외에는. 그 사람은 셋째 날 밤에 우연히 창가에 서 있다가 물라가 뭐라고 중얼거리는 소리를 들었다. 그가 그게 무슨 말이었는지 알아내려고 하자 나스룻딘은 대답했다.

"자네한테 말할 의무는 결코 없고말고. 하지만 이 정도는 말해 주기로 하지. 종교인이니만큼, 나는 밤중에 저기 나가서 법을 이행하는 어떤 말을 발설했다네."

철저히 교활하기 위해서는
법을 어겨야만 하는 것이 아니다.
그저 문자 그대로만 지키면 된다.

유대인들 가운데서 주님의 날인 안식일을 지키는 것은 본래는 기쁜 일이었는데, 하도 많은 랍비들이 안식일을 어떻게 정확히 지켜야 하는지, 어떤 종류의 활동이 허용되는지, 꼬치꼬치 세칙들을 만들어 놓는 바람에, 마침내 어떤 사람들은 안식일 동안에 이런저런 규정들을 어기게 될까 봐 거의 움직일 수도 없다고 느끼게 되었다.

엘리에제르의 아들 바알 쉠은 이 문제에 대해 많은 생각을 했다. 어느 날 밤 그는 꿈을 꾸었는데, 한 천사가 그를 하늘로 데리고 가더니, 모든 다른 왕좌보다 훨씬 높이 놓인 두 왕좌를 보여 주었다.

"이 두 왕좌는 누구를 위해 준비된 건가요?" 하고 그는 물었다.

"당신이 머리를 쓴다면, 당신을 위해" 하고 천사는 대답했다.

"그리고 이제 당신에게 주려고 이름과 주소를 적어 놓은 그 사람을 위해."

그러고는 지옥의 가장 깊은 데로 내려갔는데 빈자리 둘이 보였다.

"이 자리들은 누구를 위해서 준비된 것입니까?"

"당신이 머리를 쓰지 않는다면 당신을 위해, 그리고 당신에게 주려고 이름과 주소를 써 놓은 그 사람을 위해서."

꿈에서 바알 쉠은 천국에서 동료가 되기로 되어 있는 그 사람을 방문했다. 가 보니 그는 이방인들 가운데 살고 있었는데, 유대교 관습은 전혀 모른 채 안식일이면 이방인 이웃들을 모두 초대하여 여러 가지 잔치 놀이를 하고 있었다. 바알 쉠이 왜 이런 연회를 베푸느냐고 묻자 그는 대답했다.

"어린 시절을 회상해 보면, 부모님이 안식일은 쉬면서 기쁘게 지내는 날이라고 가르쳐 주셨지요. 토요일이면 어머니가 제일 맛있는 음식들을 준비하셨고 우리는 노래하고 춤추며 즐겁게 지냈어요. 그래서 오늘도 똑같이 하는 거랍니다."

바알 쉠은 그 사람의 종교 양식에 따라서 그에게 훈계를 하려고 했다. 왜냐하면 그 사람은 유대인으로 태어났으나 모든 랍비 식 법규에 관해서는 전혀 모르는 것이 분명했기 때문이다. 그러나 그 사람의 약점들을 의식하게 만든다면, 그가 안식일에 누리는 그 기쁨을 망쳐 놓으리라는 것을 깨달았을 때 그만 말문이 막혔다.

바알 쉠은 역시 꿈속에서 그다음에는 지옥의 동료가 될 사람의 집으로 갔다. 가 보니 그는 율법을 엄격하게 지키는 사람으로서 자기 행동을 바로잡아 주는 일이 없게 하려고 항상 염려하고 있었다. 그 가엾은 사람은 안식일마다 마치 뜨거운 석탄 위에 앉아 있기나 한 것처럼 빈틈없는 긴장 속에서 지냈다. 바알 쉠은 그가 율법의 노예가 된 것을 나무라려고 했다가 그만 말할 힘이 없어져 버렸다. 그 사람은 종교적 법규들을 지킴으로써 잘못을 범할 수도 있다는 것은 결코 이해하지 못하리라는 것을 깨달았기 때문이다.

꿈의 형식으로 이런 계시를 받은 덕분에, 바알 쉠 토브는 안식일을 지키는 새로운 양식을 발전시켰으니, 마음에서 우러나는 기쁨으로 하느님을 섬기는 것이었다.

**사람들이란 즐거울 때는 언제나 선한가 하면
선할 때는 좀처럼 즐겁지 않다.**

사제가 다음 일요일에는 예수 그리스도께서 친히 성당에 오실 것이라고 알렸다. 수많은 사람들이 그분을 보려고 몰려왔다. 모두들 그분이 설교를 하시리라고 기대했으나, 그분은 소개를 받자 그저 미소를 지으며
 "안녕하십니까"라고만 말씀하셨다. 모두들, 특히 사제가 그날 밤에 자기 집에 모시겠다고 했으나, 그분은 정중히 사양하시며 그날 밤을 성당 안에서 지내시겠다고 하셨다. 얼마나 어울리는 곳인가 하고 모두들 생각했다.
 그분은 다음 날 아침 일찍 성당 문이 열리기도 전에 빠져나가셨다. 그리고 몸서리치게도, 사제와 교우들은 성당이 온통 수라장이 된 것을 발견했다. 벽이란 벽에는 모두 "조심"이라는 단어가 낙서되어 있었다. 성당 어느 한 구석도 비어 있는 데가 없었다. 문에도 창문에도, 기둥에도 연단에도, 제대에도, 심지어 독서대 위에 놓여 있는 성서에까지, "조심". 크고 작은 글씨로, 연필과 펜과 온갖 상상할

수 있는 색깔의 물감들로 써 놓았다. 눈길이 닿는 곳마다 그 단어를 볼 수 있었다.

"조심, 조심, 조심, 조심, 조심, 조심 …."

충격적이고, 화나고, 혼란스럽고, 신기하고, 두려워지고. 무엇을 조심하라는 것인가? 그것은 말하지 않았다. 그냥 조심하라고만 했다. 사람들의 첫 충동은 이 지저분한 글씨들, 이 신성모독을 모조리 깨끗이 지워 버리고 싶다는 것이었다. 그러나 그 행위를 한 분은 바로 예수님이셨다는 생각 하나 때문에 이 충동을 삼갔다.

그런데 "조심"이라는 그 신비스런 단어가 사람들이 성당에 올 때마다 마음속에 스며들기 시작했다.

성서를 조심스럽게 대하기 시작했고, 그래서 맹신하는 일이 없이 성서에서 도움을 받을 수 있게 되었다.

성사를 조심하기 시작했고, 그래서 미신에 빠지는 일이 없이 성화되었다.

사제는 사람들을 다루는 자기 힘을 조심하기 시작했고, 그래서 사람들을 지배하지 않고 도울 수 있게 되었다.

그리고 모두들 방심하는 자들을 독선으로 이끄는 종교를 조심하기 시작했다.

교회법을 조심하기 시작했고, 그래서 법을 지키되 약자에게 연민을 지니게 되었다.

기도를 조심하기 시작했고, 그래서 더는 자신을 의지하고 마는 일이 없게 되었다.

자기들이 지닌 하느님 개념들을 조심하기 시작했고, 그래서 성당이라는 그 좁은 경계선 밖에서도 그분을 알아볼 수 있게 되었다.

그들은 이제 그 충격적인 단어를 성당 입구에 써 붙였다. 그래서 밤에 그곳을 지나가는 사람들은 그 성당 위에 여러 색깔의 네온 불빛으로 그 단어가 빛나고 있는 것을 볼 수 있게 되었다.

개구리의 기도

은총

한 신부가 창가에 있는 책상에 앉아서 섭리에 관한 강론 준비를 하고 있다가 뭔가 폭발하는 것 같은 소음을 들었다. 곧 그는 사람들이 당황해서 이리저리 뛰어다니는 것을 보았고, 댐이 터지고 강물이 범람해서 사람들이 집을 비우고 떠나고 있다는 것을 알게 되었다.

아래쪽 거리에 물이 차오르기 시작하는 것이 보였다. 신부는 자신도 당황하기 시작하는 느낌을 억누르기가 좀 힘들었지만, 그러나 스스로에게 말했다.

"여기 나는 섭리에 대한 강론을 준비하고 있고, 내가 강론하는 것을 실천할 기회가 나에게 주어졌다. 나는 다른 사람들과 함께 달아나지 않겠다. 여기 이대로 머물며 나를 구해 주실 하느님의 섭리를 믿으련다."

물이 창문에까지 차올랐을 때 보트에 가득 탄 사람들이 지나가면서 외쳤다.

"뛰어내려 타세요, 신부님!"

"아, 아닙니다, 여러분" 하고 신부는 자신 있게 말했다.

"나는 나를 구해 주실 하느님의 섭리를 믿습니다."

신부는 그러나 지붕 위로 기어 올라갔는데, 물이 그 위에까지 차올랐을 때 또 다른 보트에 가득 탄 사람들이 지나가면서 신부더러 그 배에 타라고 재촉했다. 그는 다시 사양했다.

이번에는 종각 꼭대기로 기어 올라갔다. 물이 무릎까지 차올랐을 때, 모터보트를 탄 한 관리가 그를 구하러 왔다.

"아니오, 감사합니다, 선생님" 하고 그는 조용히 미소를 지었다.

"아시다시피 저는 하느님을 믿습니다. 그분께서는 결코 제가 빠져 죽게는 안 하실 것입니다."

신부가 빠져 죽어 하늘에 갔을 때 제일 먼저 한 일은 하느님께 불평하는 것이었다.

"저는 하느님을 믿었습니다! 왜 저를 구하기 위해 아무 일도 안 하셨습니까?"

"너도 알지 않느냐" 하고 하느님이 말씀하셨다.

"나는 세 번이나 보트를 보냈다."

두 수도승이 여행 중이었다. 하나는 지님의 영성을 실천하는 사람이고, 다른 하나는 버림의 영성을 신봉하는 사람이었다.

온종일 그들은 길을 걸으며 자기들이 존중하는 영성에 대해 토론하고 있었는데, 그러다가 마침내 저녁녘이 되어 어느 강둑에 이르게 되었다.

그런데 버림의 신봉자는 돈이라고는 한 푼도 없었다. 그는 말했다.

"우리는 강을 건네줄 뱃사공에게 삯을 치를 수 없지만, 그렇다고 왜 몸 걱정을 하겠나? 여기서 하느님을 찬미하며 밤을 지내세. 내일은 삯을 내줄 친절한 영혼을 꼭 만나게 될 걸세."

다른 사람이 말했다.

"강 이쪽에는 마을이라고는 없어. 작은 마을도, 오두막 하나도. 들짐승한테 잡혀 먹히거나 뱀한테 물리거나, 추워서 얼어 죽을 거야. 강 건너편에 가면 안전하고 편안하게 밤을 지낼 수 있을 거야. 나에게 뱃사공한테 낼 돈이 있어."

일단 건너편 강둑에 무사히 도착하자, 그는 동행자한테 또 따졌다.

"돈을 지니고 다니는 그 가치를 이제 알았겠지? 나는 자네 생명과

내 생명을 구할 수 있었잖아. 나도 자네처럼 버리는 사람이었다면, 우린 어쩔 뻔했나?"

다른 사람이 말했다.

"우리를 무사히 건너오게 한 건 자네의 포기였지. 뱃사공에게 삯을 내기 위해 자네 돈을 내놓아야 했거든, 안 그런가? 게다가, 내 주머니에 돈이 없었기 때문에 자네 주머니가 내 것이 되었지. 가만 보니까 난 고생을 하는 일이 없더라고. 늘 마련이 되더라니까."

일본의 어느 파티에서, 한 방문객이 유명한 일본 차 예절에 초대되었다. 첫잔을 마신 뒤에 그는 그 방에 있는 가구가 움직이며 돌아다니는 것을 보았다.

"이 차는 매우 힘이 있군요" 하고 그는 주인에게 말했다.

"별로 그렇지도 않습니다. 마침 지진이 일어났지요."

코끼리 한 마리가 목동한테서 도망쳐 협곡을 가로질러 놓여 있는 작은 나무다리 위를 건너가게 되었다.

낡아빠진 다리가 흔들흔들 삐걱거리면서 코끼리의 무게를 가까스로 견디어 냈다.

일단 건너편으로 무사히 건너갔을 때, 코끼리 귀에 올라탔던 파리 한 마리가 대단히 만족해서 외쳤다.

"야, 우리가 저 다리를 흔들었잖아!"

한 노부인이 어떻게 자기 수탉이 매일 해 뜨기 직전에 울기 시작하는지를 과학적으로 정확히 관찰했다. 따라서 그 부인은 자기 수탉의 울음이 해를 뜨게 한다는 결론에 이르렀다.

그래서 그 수탉이 갑자기 죽었을 때 다음 날 해가 뜨지 못하는 일이 없도록 서둘러 다른 수탉을 구해다 놓았다.

어느 날 부인은 이웃 사람들과 사이가 틀어지게 되어 여동생과 함께 마을을 떠나 수마일 밖으로 떠나도록 협박을 받았다.

다음 날 자기 수탉이 울기 시작했을 때, 조금 후에 해가 지평선 위로 조용히 뜨기 시작했고, 부인은 이제껏 자기가 알고 있던 것을 확인하게 되었다. 해가 지금 여기서 떠오르고 있으니, 먼저 살던 마을은 깜깜하겠지. 할 수 없지, 자기들이 자초한 일이니까!

하지만 같이 살던 이웃 사람들이 자기한테 수탉을 갖고 다시 돌아와 달라고 간청하러 오지 않는 것이 이상하게 생각되기 시작했다. 노부인은 그건 다만 그들이 완고하고 어리석기 때문이라고 생각해 버렸다.

"그러니까 이번에 처음으로 비행기를 타 보았군. 무섭던가?"
"글쎄, 사실은 말야, 감히 자리에 푹 기대고 앉을
용기가 안 나더라고."

한 제자가 낙타를 타고 수피 스승의 천막에 왔다. 그는 낙타에서 내려 곧장 천막 안으로 걸어 들어가서 스승께 허리 굽혀 절하고 나서는 말했다.

"저는 신을 무척도 신뢰하기에 제 낙타를 매어 두지 않은 채 밖에 놓아두었습니다. 신께서는 그분을 사랑하는 이들이 아끼는 것들을 보호해 주시는 걸 확신하니까요."

"가서 낙타를 매어 놓아라, 멍청아!" 하고 스승은 말했다.

"신께서는 네가 스스로 완벽하게 해낼 수 있는 일마저 너 대신 해 주시느라고 마음을 쓰실 겨를이 없으시다."

골드버그는 마을에서 가장 아름다운 정원을 갖고 있었는데, 랍비는 그 앞을 지나갈 때마다 번번이 골드버그에게 소리쳐 부르며 말하곤 했다.

"당신 정원은 정말 아름답구려! 주님과 당신은 동업자요!"

"감사합니다, 랍비님" 하고 골드버그는 허리를 굽혀 절을 하며 대답해 주곤 했다.

이런 일이 날이 가고 달이 바뀌어도 계속되었다. 적어도 하루에 두 번 랍비는 회당으로 오가면서 큰 소리로 말했다.

"주님과 당신은 동업자구려!"

마침내 골드버그는 랍비가 분명히 칭찬의 뜻으로 한 말인데도 언짢게 들리기 시작했다.

그래서 다음번에 랍비가 또다시 "주님과 당신은 동업자구려!" 하고 외치자 골드버그는 대답했다.

"그 말씀이 사실일지도 모르겠습니다. 하지만 이 정원을 주님께서 혼자 가꾸셨을 때를 랍비님이 보셨어야지요!"

아타르의 『성자들 이야기』에서

위대한 수피 하비브 아자미가 하루는 옷을 둑 위에 그냥 벗어 둔 채 강에 목욕을 하러 들어갔다. 그런데 바스라의 하산이 우연히 지나가다가 그 옷을 보고서, 누군가가 무심코 벗어 둔 것이라고 생각하고 임자가 나타날 때까지 지켜봐 주기로 마음먹었다.

하비브가 옷을 찾으러 오자 하산이 말했다.

"강에 목욕하러 들어가실 때 이 옷을 누구한테 맡겨 놓으셨습니까? 도둑맞았을 수도 있겠지요!"

"그걸 지키는 일을 당신에게 맡기신 그분께 맡겨 놓았지요!"

어떤 사람이 사막에서 길을 잃었었다. 후에 친구들한테 그 끔찍했던 체험을 이야기하면서, 그는 완전한 절망 속에서 무릎을 꿇고 하느님께 도와 달라고 얼마나 빌었는지 모른다고 했다.

"그래서 하느님께서 자네 기도를 들어주시던가?" 하고들 물었다.

"아, 아니! 하느님께서 미처 손을 쓰시기 전에 어떤 담첩기기 나타나서 길을 가르쳐 주었어."

아버지가 될 여러 사람들이 대기실에서 초조하게 아기가 태어나기를 기다리고 있었다. 이윽고 한 간호원이 나와서 그들 가운데 한 사람에게 손짓하더니 말했다.
"축하합니다. 아들예요."
한 다른 사람이 보고 있던 잡지를 팽개치며 버럭 소리쳤다.
"이봐, 무슨 소릴 하고 있는 거야? 내가 그 사람보다는 두 시간이나 먼저 왔다고!"

아아, 어떤 일들은 조직화에 저항하는도다!

세계에서 제일 큰 은행 협회의 회장이 입원을 했다. 부회장 중 하나가 이런 전갈을 갖고 문병을 왔다.
"우리 이사회의 문병 메시지를 전합니다. 건강을 회복하시고 백살까지 사셔야 합니다. 이건 이사회의 공적인 결의로서, 둘이 기권하고 15대 6의 다수결로 통과되었습니다."

불을 태우려는, 물을 적시려는,
장미에다가 물감을 덧칠하려는 그런 노력을
우리가 그만둘 날이 정녕 오기나 하려나?

한 난민 가족이 미국에 대해 무척 좋은 인상을 받았다 — 특히 여섯 살 난 딸애 마리아는 미국의 모든 것이 최고일 뿐 아니라 또한 완전하다는 생각을 얼른 받아들였다.

어느 날 한 이웃 부인이 아기를 낳게 될 것이라는 말을 해 주자, 어린 마리아는 부지런히 집으로 가서 왜 자기는 꼬마 아가를 가질 수 없는지 알고 싶다고 졸랐다. 어머니는 딸애한테 바로 그 자리에서 성교육을 해 주려고 결정하고서, 다른 일들 중에서도 특히 아기가 태어나기까지는 9개월 가량 걸린다는 것을 설명해 주었다.

"아홉 달이나요?" 하고 마리아는 화가 나서 외쳤다.

"하지만 엄마는 여기가 미국이란 걸 잊고 계신 게 아녜요?"

"**엄**마, 동생을 갖고 싶어."

"금방 하나 생겼잖니."

"또 하나."

"금방 또 가질 순 없어. 아기가 태어나려면 시간이 걸린단다."

"아빠가 공장에서 하시듯이 하면 되잖아?"

"어떻게 하시기에?"

"일꾼들을 더 쓰는 거지."

한 부인이 꿈을 꾸었는데, 장터에 새로 생긴 가게에 들리기 보니 놀랍게도 계산대에 하느님이 서 계셨다.

"여기서 무얼 팔고 계세요?" 하고 부인이 물었다.

"네 마음이 원하는 것이라면 무엇이든지" 하고 하느님께서 말씀하셨다.

자기가 들은 말을 거의 믿기가 어려웠지만, 부인은 한 인간이 바랄 수 있는 가장 좋은 것들을 청하기로 결심했다.

"마음의 평화와 사랑과 행복과 지혜와 두려움에서 해방되는 자유를 주세요" 하고 부인은 말했다.

그러고는 또 생각이 나서 덧붙여 말씀드렸다.

"저만을 위해서가 아니고요. 지상의 모든 사람을 위해서요."

하느님께서는 미소를 지으셨다.

"네가 오해를 한 것 같구나, 얘야. 우리는 여기서 열매는 팔지 않는단다. 씨앗만 팔지."

어느 독실한 신앙인이 불경기에 빠졌다. 그래서 그는 열심히 기도하기 시작했다.

"주님, 제가 평생 힘껏 최선을 다해 당신을 섬기고 아무 보답도 청하지 않았음을 기억해 주십시오. 이제 저는 늙고 파산하게 되었으니, 제 평생에 처음으로 청을 하나 드리겠습니다. 안 된다고는 안 하실 줄 확신합니다. 제가 복권에 당첨되도록 해 주십시오."

여러 날이 지났다. 또 몇 주일이 지났고 몇 달이 지났다. 그러나 아무 일도 일어나지 않았다. 드디어 그는 거의 절망에 빠져서 어느 날 밤 외쳤다.

"왜 저한테 기회를 한번 주시지 않습니까, 하느님?"

그러자 갑자기 하느님께서 대답하시는 목소리가 들렸다.
"너야말로 나한테 기회를 한번 주려무나! 왜 복권을 한 장 안 사는 거지?"

한 젊은 작곡가가 한번은 모차르트에게 어떻게 하면 자기 재능을 발전시킬 수 있는지를 상의하러 찾아왔다.
"간단한 작품으로 시작해 보라고 충고하고 싶군요. 노래로요, 예컨대" 하고 모차르트는 말했다.
"하지만 당신은 어렸을 때 이미 교향곡들을 작곡하고 계셨잖아요!" 그 남자는 우겼다.
"그렇고 말고요. 하지만 나는 내 재능을 어떻게 발전시킬 수 있는지 무슨 충고를 받으려고 아무한테도 찾아갈 필요가 없었답니다."

80세 된 한 남자가 한번은 그의 넘치는 스태미너를 유지하는 비결이 무엇이냐는 질문을 받았다.
"글쎄요" 하고 그는 대답했다.
"난 술을 안 마시고, 담배도 안 피웁니다. 그리고 매일 1마일씩 수영을 하고 있지요."
"하지만 똑같이 그렇게 하신 제 삼촌이 한 분 계셨는데, 그분은 60세에 돌아가셨는걸요."
"아, 당신 삼촌은 충분히 오래도록 그렇게 하시지 않은 게 문제였구먼."

어느 일요일 아침, 기도 시간이 끝나고 나서 하느님과 베드로 성인이 골프를 치러 갔다. 하느님께서 먼저 시작하셨다. 그분은 골프공을 엄청난 강타로 깎아 쳐서 페어웨이 옆에 있는 러프 속으로 날리셨다.

공이 막 땅에 떨어지려는 순간, 덤불 속에서 토끼가 달려나와 그 공을 입에 물고는 페어웨이를 달려 내려갔다. 갑자기 독수리 한 마리가 내리덮쳐서 그 토끼를 발톱으로 움켜잡고 들판 위로 날아갔다. 소총을 든 한 남자가 그 독수리를 겨냥해서 중간쯤 날아올랐을 때 쏘았다. 독수리는 토끼를 놓아 버렸다. 토끼는 골프장 잔디 위에 떨어졌고, 그 공은 토끼 입에서 나와 굴러서 홀(구멍) 속으로 들어갔다.

베드로는 하느님을 돌아보며 약이 올라서 외쳤다.

"이제 골프나 시작하세요! 골프를 치고 싶으신 거예요, 아니면 빈둥대고 싶으신 거예요?"

당신은 어떤가?
삶이라는 게임을 이해하고 그 게임을 하고 싶나,
아니면 기적들이나 좇으며 빈둥대고 싶나?

어떤 것들은 있는 그대로 놔두는 것이 제일 낫다.

배관공으로 갓 졸업한 한 열정적인 젊은이가 나이아가라 폭포를 보러 가게 되었다.
   그는 잠시 폭포를 들여다보고 있더니 말했다.
   "난 이 폭포를 손볼 수 있다고 생각해요."

개구리의 기도

성인

어떤 이들은 거룩하게 태어나고
어떤 이들은 거룩함을 성취하고
어떤 이들은 거룩함을 억지로 떠맡게 된다.

한 유정油井에 불이 나자 회사 경영진은 불길을 끄기 위해 소방 전문가들을 불러들였다. 그러나 열기가 워낙 맹렬해서 소방대원들이 유정에서부터 1,000피트 거리 안으로는 들어갈 수가 없었다. 경영진은 절망한 나머지 그 지역 자원 소방대를 불러 어떤 방법으로든 재주껏 도와 달라고 청했다.

　30분 후에 낡아빠진 듯한 소방차 한 대가 털털거리며 굴러 오더니, 활활 타오르는 불길에서부터 불과 50피트 떨어진 지점에서 급정거를 했다.

　그리고 장정들이 차에서 뛰어내리더니, 서로에게 물을 뿌리고 나서 계속 불을 꺼 나갔다.

　회사 경영진은 감사하는 마음을 표시하기 위해서 며칠 후에 한 표창식을 마련하고서, 지역 소방대원들의 용기를 칭송하고 헌신적인 임무 수행을 찬양했다.

　그리고 소방대장에게 어마어마한 액수의 수표가 전달되었다.

　취재하러 온 기자들이 소방대장에게 몰려들어, 그 수표를 가지고 무엇을 할 계획이냐고 물었다.

　"글쎄요, 아무튼 제일 먼저" 하고 소방대장은 말했다.

　"저 소방차를 정비소로 끌고 가서 그 망할 놈의 브레이크부터 고쳐 놓고 보아야겠습니다!"

어떤 이들에게는, 맙소사,
거룩함이란 한 의식에 불과하다.

품팜프톤 아씨의 남자 친구가 차를 마시러 오자, 아씨는 하녀에게 거액의 팁을 주면서 말했다.
 "자, 이걸 받아라. 내가 도와 달라고 외치는 소리가 들리거든, 그 때는 그냥 집에 가서 쉬어도 돼."

옛날에 믿음이 매우 깊은 사람이 있었는데 천사들까지도 그를 보고 기뻐했다. 그러나 그는 대단히 거룩한 품성을 지녔건만 자신이 거룩하다는 관념이 없었다. 그저 평범한 일들을 부지런히 하면서 선한 인품을 발산하고 있었다. 꽃들이 스스로 의식하지 않으며 향기를 뿜듯이, 가로등이 빛을 내듯이.
 그의 거룩함인즉, 각 사람의 과거를 잊어버리고 지금 있는 그대로 바라보며, 그 사람의 겉모습에 머물지 않고 그 존재의 핵심까지 꿰뚫어 보는 데 있었다 — 그러면서도 순진무구하고 자신이 무엇을 하고 있는지 알기에는 너무도 무지했다. 그리하여 그는 만나는 사람마다 사랑하고 용서했고, 그리고 이 점을 전혀 대수롭게 여기지 않았다. 그것은 그가 사람들을 바라보는 방식의 결과일 뿐이었기에.
 어느 날 한 천사가 그에게 와서 말했다.
 "나를 하느님께서 당신에게 보내셨다. 무엇이든 청하기만 하면 당신에게 주어질 것이다. 치유의 능력을 받고 싶은가?"

"아닙니다. 오히려 하느님께서 친히 치유하시길 바랍니다."

"죄인들을 바른길로 돌아오게 하고 싶은가?"

"아닙니다. 인간의 마음을 건드리는 것은 저의 일이 아닙니다. 그건 천사들의 일입니다."

"덕행의 모범이 되어 사람들이 본받고 싶게 마음이 끌리는 그런 사람이 되고 싶은가?"

"아닙니다. 그렇게 되면 제가 관심의 중심이 될 테니까요."

"그러면 너는 무엇을 바라느냐?" 하고 천사가 물었다.

"하느님의 은총을요" 하고 그는 대답했다.

"은총만 있다면 저는 제가 바라는 모든 것을 가진 것입니다."

"안 된다. 어떤 기적을 원해야만 한다" 하고 천사가 말했다.

"안 그러면 한 가지를 억지로라도 떠맡겨야겠다."

"정 그러시다면 이걸 청하겠습니다. 저를 통해서 좋은 일들이 이루어지되, 제 자신이 알아차리는 일은 없게 해 주십시오."

그래서 그 거룩한 사람의 그림자가 그의 뒤에 생길 때마다 그곳은 치유의 땅이 되게 해 주도록 결정되었다. 그리하여 그의 그림자가 생기는 데마다 — 그가 그 그림자에 등을 돌리고 있을 때라는 조건으로 — 병자들이 치유되고, 땅이 기름지게 되고, 샘들이 다시 솟고, 삶의 고달픔에 시달린 이들의 얼굴에 화색이 돌게 되었다.

그러나 그 성인은 이것에 대해서 전혀 몰랐다. 왜냐하면 사람들의 관심이 온통 그 그림자에만 집중되어 있어서 그 성인은 잊고 말았기 때문이다. 그리하여 자기는 잊혀진 채 자기를 통해서 좋은 일들이 이루어지기를 바라는 그 성인의 소원은 충분히 성취되었다.

거룩함이란, 위대함처럼, 스스로를 의식하지 않음이다.

35년 동안 폴 세잔느는 세상에 알려지지 않은 채 살면서, 걸작들을 만들어 믿을 수 있는 이웃들에게 주어 버렸다.

그는 자기 작품에 대한 사랑이 워낙 대단해서 인정받으려는 생각을 한 적이 없을 뿐더러, 언젠가는 자신이 현대 미술의 아버지로 추앙받게 되리라고는 상상조차 해 본 적이 없다.

세잔느가 명성을 얻게 된 것은 한 파리 상인 덕분이었는데, 그가 그림들을 몇 장 모아서 첫 번 세잔느 전시회를 열어 미술계에 소개하자, 세상은 한 대가의 존재를 발견하고 놀랐다.

놀라기는 그 대가도 마찬가지였다. 그는 아들의 부축을 받으며 그 전시회 화랑에 도착했는데, 자기 그림들을 전시해 놓은 것을 보고 놀람을 감출 수가 없어 아들을 돌아보며 말했다.

"저걸 봐라, 내 그림들을 틀에다 넣었구나!"

부처님의 제자 숩후티가 문득 비어 있음의 풍요로움을 발견했다. 모든 것은 일시적이고 마음에 차지 않는다는 것을, 그리고 자신이 비어 있다는 것을 깨달았던 것이다. 이러한 거룩한 비어 있음의 분위기 속에서 지복을 누리며 나무 밑에 앉아 있을 때 갑자기 그의 주변에 꽃들이 떨어지기 시작했다. 그리고 신들이 속삭였다.

"우리는 비어 있음에 대한 너의 탁월한 가르침에 황홀해졌다."

"하오나 저는 비어 있음에 대해서 한 마디도 한 일이 없는데요." 숩후티가 대답했다.

"사실이다." 신들이 대답했다.

"너는 비어 있음에 대해서 말하지 않았고, 우리도 비어 있음에 대해서 듣지 않았다. 이것이 진정한 비어 있음이다."

그러고는 꽃들이 계속 쏟아져 내렸다.

내가 나의 비어 있음에 대해 이야기했다면,
또는 그것을 의식하고 있었다면,
과연 그것이 비어 있음일까?
음악은 플루트의 텅 빈 속이 필요하고,
글씨는 그 지면의 여백이,
빛은 창문이라는 빈자리가,
거룩함은 자아의 부재가 필요하다.

한 늙은 랍비가 병으로 누워 있는데 제자들이 침대 곁에서 속삭이며 스승의 비할 데 없이 높은 덕을 칭송하고 있었다.

"솔로몬 시대 이래 저분만큼 지혜로운 사람은 없었지."

"그리고 저분의 믿음 말일세! 우리 조상 아브라함의 믿음과 똑같이 흔들림이 없다고!"

"게다가 저분의 인내로 말하면 욥의 인내와 같고말고!"

"저분만큼 하느님과 친밀하게 이야기를 나눈 사람은 모세밖에 찾아볼 수가 없지."

랍비는 불안해 보였다. 제자들이 가자 그의 아내가 그에게 물었다.
"그들이 당신을 찬양하는 노래를 들었어요?"
"들었지."
"그런데 왜 그렇게 속상한 얼굴이세요?"
"내 겸손에 대해서는" 하고 랍비는 투덜거렸다.
"아무도 내 겸손에 대해서는 말하지 않았잖아!"

"나는 네 개의 빈 벽일 뿐 — 안에는 아무것도 없다."
이 말을 한 분이야말로 과연 성인이었다.
아무도 그분보다 더 가득 차 있을 수는 없었다.

92세 된 어느 노사제가 마을 모든 사람들에게 존경을 받고 있었다. 그가 거리에 나타나면 사람들이 허리를 굽혀 절할 정도로 그의 거룩함은 평판이 나 있었다. 그는 로터리 클럽 회원이기도 했다. 클럽이 모일 때마다 그는 어김없이 참석했고, 언제나 정각에 와서 늘 방 한 구석에 있는 그가 좋아하는 자리에 앉아 있었다.

어느 날 그 사제가 사라졌다. 아예 자취를 감추어 버린 것만 같았다. 마을 사람들이 찾아다녀도 보았지만 그림자도 찾지 못했던 것이다. 그러나 다음 달에 로터리 클럽이 모였을 때 그는 어느 때치럼 자기 구석자리에 앉아 있었다.

"아니, 신부님, 어딜 갔다 오셨습니까?" 하고 모두들 외쳤다.

"감옥엘 좀." 신부는 차분하게 말했다.

"감옥엘요? 맙소사, 신부님께선 파리 한 마리도 다치게 할 수 없으시잖아요! 어떻게 된 거지요?"

"긴 이야기라오" 하고 사제는 말했다.

"하지만 간단히 얘기하자면, 이런 일이 있었지요. 도시로 가는 기차표를 한 장 사 들고 플랫폼에서 기차가 오기를 기다리고 있는데 기가 막히게 아름다운 한 아가씨가 경찰의 호위를 받으며 나타났어요. 아가씨는 나를 죽 훑어보더니 그 경찰한테로 돌아서서 '저 사람이 그랬어요' 하겠지요. 그런데 솔직히 말해서 아주 어깨가 으쓱해지더라고요. 그래 죄를 시인했지요."

네 수사가 한 달 동안 침묵에 들어가기로 결정했다. 시작은 그런대로 잘들 했는데, 첫날이 지나자 한 수사가 말했다.

"수도원에서 떠나기 전에 내 방문을 잠갔는지 모르겠군."

다른 수사가 말했다.

"멍청이! 한 달 동안 침묵을 지키기로 결정했는데 방금 자네가 그걸 깨어 버렸잖아!"

셋째 수사가 말했다.

"자네는 어떻고? 자네도 그걸 깼어!"

넷째 수사가 말했다.

"다행히도 아직 말을 하지 않은 사람은 나 하나뿐이군."

한 남자가 진찰실에 들어와서 의사에게 말했다.

"선생님, 이 몹쓸 두통이 떠난 적이 없습니다. 뭘 좀 처방해 주실 수 있겠습니까?"

"그러지요" 하고 의사가 말했다.

"그러나 처방을 해 드리기 전에 먼저 몇 가지 확인하고 싶군요. 술을 많이 드시는지요?"

"술요?" 하고 그 남자는 화를 내며 말했다.

"그런 불결한 물건엔 손도 댄 적이 없습니다."

"담배는 어떻습니까?"

"담배를 피운다는 건 정나미가 떨어지는 짓이라고 생각합니다. 전 평생 담배는 건드리지도 않았어요."

"이런 질문을 하기는 좀 뭣합니다만 …

어떤 남자들이 더러 그러듯이 …

밤에 그런 일을 하러 다니시는 일도 있는지요?"

"그럴 리가 있나요? 저를 어떻게 생각하시는 겁니까? 저는 매일 밤 적어도 열 시에는 자리에 듭니다."

"그럼" 하고 의사는 말했다.

"말씀하시는 그 두통이라는 게 날카롭게 톡톡 쏘는 것같이 아픈 그런 고통입니까?"

"네, 바로 그겁니다" 하고 그 남자는 말했다.

"날카롭게 톡톡 쏘는 것 같은 그런 종류의 아픔이에요."

"간단하군요! 문제는 그 머리에 두르고 계신 후광이 너무 죄여서 그런 겁니다. 우리가 당신을 위해서 해야 할 것이라고는 그 후광을 좀 느슨하게 해 드리는 것뿐입니다."

당신의 이상들로 말미암아 생겨나는 문제란
당신이 그 모든 이상에 다 맞갖게 살고 있다면
당신은 그 이상들을 지니고 살기가
불가능하게 된다는 것이다.

어떤 영향력 있는 영국 정치가가 남작 작위를 달라고 디즈레일리 수상을 졸랐다. 수상은 그 청을 들어 줄 길을 찾을 수는 없었으나, 기분을 상하게 하지 않고 거절할 수는 있었다.

"작위는 드릴 수가 없어서 미안합니다만 그보다 더 나은 것을 드릴 수는 있습니다. 친구들한테 수상이 남작 작위를 주겠다고 했지만 사양했노라고 말씀하실 수는 있습니다."

어느 날 한 주교가 제대 앞에 무릎을 꿇고 있다가 종교적 열정이 솟구쳐서 가슴을 치며 외치기 시작했다.

"저는 죄인입니다, 자비를 베풀어 주십시오! 저는 죄인입니다, 자비를 베풀어 주십시오!"

그 교구 신부가 이 겸손의 본보기에 감동되어 주교 옆에 무릎을 꿇고 가슴을 치며 말하기 시작했다.

"저는 죄인입니다, 자비를 베풀어 주십시오! 저는 죄인입니다, 자비를 베풀어 주십시오!"

마침 성당 안에 있던 무덤 파는 일꾼이 너무도 감동되어 자신을 억제할 수 없었다. 역시 무릎을 꿇고 가슴을 치며 외쳤다.

"저는 죄인입니다, 자비를 베풀어 주십시오!"

그러자 주교는 신부를 슬쩍 찌르고는 그 매장꾼 쪽을 가리키면서 웃음을 띠고 말했다.

"저 사람 좀 보게, 자신을 죄인이라고 여기는 사람이야!"

옛날에 한 고행자가 있었는데, 독신 생활을 하며 자신과 다른 이들 안에 있는 성性에 대항하는 것을 자기 삶의 사명으로 삼았다.

그러다가 그는 죽었는데, 그 충격을 견딜 수 없었던 그의 제자도 얼마 후에 뒤따라 죽었다. 그 제자가 다른 세상에 도착했을 때 그는 자기 눈을 믿을 수가 없었다. 거기에 사랑하올 스승이 빼어나게 아름다운 여인을 무릎에 앉혀 놓고 있지 않은가!

그러나 스승이 지상의 금욕생활에 대한 보상을 받고 있다는 데까지 생각이 미치자 충격적인 느낌은 사그라졌다.

"선생님, 이제 저는 하느님께서 의로우시다는 것을 알겠습니다. 선생님께서 지상에서 수행하신 금욕생활에 대해 천국에서 보상을 받고 계시니까요."

스승은 속이 상하는 기색이었다.

"천치 같으니! 여긴 천국이 아니야. 그리고 난 보상을 받고 있는 것도 아니고 — 이 여자는 벌을 받고 있어."

구두가 발에 맞을 때 발이 잊혀지고
띠가 허리에 맞을 때 허리가 잊혀지고
만사가 조화를 이룰 때 자아는 잊혀진다.
당신의 금욕생활은 그렇다면 무슨 소용이 있나?

교구 사제가 나쁜 소문이 난 잘 생긴 부인과 이야기하는 것이 눈에 자주 띄었다 — 그리고 공공장소에서도 눈에 띄어 교우들에게 커다란 스캔들이 되었다.

그는 주교에게 불려가서 꾸지람을 듣게 되었는데, 꾸지람이 끝나고 나자 말했다.

"주교님, 저는 하느님 생각에 마음을 쏟으며 아리따운 부인에게 이야기하는 것이 아리따운 부인 생각을 골똘히 하면서 하느님께 기도하는 것보다는 낫다고 늘 생각했습니다."

수도승이 주막에 가면 그 주막은 그의 독방이 된다.
주정꾼이 독방에 가면 그 독방은 그의 주막이 된다.

지진이 마을을 뒤흔들었는데, 스승은 자기가 과시한 대담성에 제자들이 얼마나 감명을 받는지를 보고서 흐뭇해했다.

며칠 후 두려움을 이기는 일에 대해 질문을 받았을 때, 그는 자신의 본보기를 상기시켰다.

"모두들 겁을 먹고 이리저리 뛰어다닐 때 내가 차분하게 앉아서 물을 마시는 모습을 보았느냐? 너희 가운데 내가 잔을 잡고 있을 때 손이 떨리는 걸 본 사람이 있느냐?"

"아니오" 하고 한 제자가 말했다.

"그러나 손에 드신 것은 물이 아니라 간장이었습니다."

이집트 사막의 한 거룩한 교부敎父인 니스테루스 대인大人이 그를 하느님의 사람으로 존경하고 있던 여러 제자들과 함께 사막을 걷고 있었는데, 갑자기 용 한 마리가 그들 앞에 나타나자 모두들 달아났다.

여러 해 후, 니스테루스의 임종 자리에서 한 제자가 물었다.

"사부님, 용을 보았던 날, 사부님도 겁이 나셨습니까?"

"아니다" 하고 죽어 가는 사람이 말했다.

"그러시면 왜 우리 모두와 함께 달아나셨습니까?"

"용한테서 달아나는 게 더 낫다고 생각했지. 그러면 나중에 자만심의 영한테서 달아나지 않아도 될 테니까."

이집트의 사막들이 사막의 교부들이라고 불리는 거룩한 사람들의 거처였을 때, 유방암으로 고생하던 한 부인이 롱기누스 압바라는 한 교부를 찾아나섰는데, 그 사람은 성인이고 치유자라는 평판이 있었기 때문이었다.

그런데 그 부인이 해변을 따라 걷고 있다가 땔감을 줍고 있는 롱기누스 본인을 만나게 되었고, 그 부인은 말했다.

"거룩하신 사부님, 하느님의 종 롱기누스 압바가 어디에 살고 계신지 말씀해 주실 수 있으십니까?"

롱기누스는 말했다.

"뭣하러 그 늙은 사기꾼을 찾고 있소? 만나러 가지 마시오, 당신한테 해만 끼칠 테니까. 무엇이 걱정이오?"

부인은 무엇이 걱정인지를 말했다. 그러자 바로 그는 부인을 축복해 주었고, 집으로 돌려보내면서 말했다.

"이제 가시오. 하느님께서 분명히 당신을 다시 온전하게 해 주실 것이오. 롱기누스라면 아무 도움도 안 되었을 거요."

그리하여 그 부인은 치유를 굳게 믿으며 떠났고 ― 사실 그 달이 끝나기 전에 병이 나았다 ―, 자기를 낫게 해 준 사람이 바로 롱기누스였다는 사실을 전혀 알아차리지도 못한 채 여러 해 뒤에 죽었다.

한번은 어떤 사람이 회교도 신비가인 바하우딘 낙끄쉬밴드의 제자한테 와서 말했다.

"당신의 스승은 왜 자신의 기적들을 숨기는지 이야기해 주십시오. 내가 몸소 여러모로 알아보았는데, 그분은 동시에 한 군데 이상 여러 장소에 계셨다는 것이 의심할 여지가 없습니다. 그리고 자기 기도의 힘으로 사람들을 치유하고서는 자연의 작용이었다고 그들에게 말하지요. 또 사람들이 곤경에 처했을 때 도와주고서는 그걸 그들이 운이 좋은 덕분이라고 합니다. 왜 이렇게 하실까요?"

"나는 당신이 무슨 말을 하고 있는지 정확히 압니다" 하고 그 제자는 말했다.

"나 자신도 이런 일들을 눈여겨보아 왔으니까요. 그래서 당신의 질문에 대답할 수 있다고 생각합니다.
 첫째, 스승은 관심의 중심이 되는 데서부터 물러서십니다.
 그리고 둘째, 사람들이 일단 기적에 관심을 갖게 되면, 진정한 영적 가치에 대해서는 아무것도 배우고 싶은 욕망을 안 갖게 된다고 확신하고 계십니다."

라일라와 라마는 사랑하는 사이였으나 결혼하기에는 아직 너무 가난했다. 그들은 다른 마을에 살고 있었는데 두 마을은 악어들이 우글대는 넓은 강으로 나뉘어져 있었다.
 어느 날 라일라는 라마가 병이 위독한데 아무도 간호할 사람이 없다는 소식을 들었다. 라일라는 강둑으로 달려가서 뱃사공에게 뱃삯을 낼 돈은 없지만 강을 좀 건너게 해 달라고 애원했다.
 그러나 엉큼한 뱃사공은 그날 밤 같이 자기로 동의하지 않으면 청을 안 들어주겠다고 했다. 가엾은 처녀는 빌고 간청했지만 아무 소용이 없었기에, 그만 절망해서 뱃사공의 요구를 승낙했다.
 드디어 라마에게 도착해 보니 그는 거의 사경을 헤매고 있었다. 그러나 라일라는 한 달 동안 옆에 머물며 그가 건강을 회복하도록 돌보았다.
 어느 날 라마는 라일라에게 어떻게 강을 건너올 수 있었는지를 물었다. 사랑하는 사람한테 차마 거짓말을 할 수가 없어서 라일라는 사실대로 이야기했다.

라마는 라일라의 이야기를 듣더니 화를 버럭 내었다. 왜냐하면 그는 덕을 생명 그 자체보다 더 가치 있게 여겼기 때문이다. 그는 라일라를 집 밖으로 내쫓고는 다시는 보려 하지 않았다.

겟센月仙은 불교 승려이자 재주가 비상한 예술가였다. 그러나 그는 늘 어떤 그림이든 그리기 전에 선불을 요구했다. 그리고 그 액수는 엄청났다. 그래서 그는 "욕심쟁이 스님"으로 알려졌다.

한 기생이 그림을 그려 달라고 그를 불렀다. 겟센은 말했다.

"얼마를 내시겠습니까?"

때마침 한 단골손님을 접대하고 있던 참이라 기생은 말했다.

"얼마든지 요구대로요. 하지만 지금 당장 그리셔야 해요."

겟센은 즉시 일에 착수했고, 그림이 완성되자 이제껏 요구했던 중 가장 높은 액수를 요구했다. 기생은 요구한 돈을 주면서 자기 단골손님에게 말했다.

"이 남자는 스님이라는데 온통 생각하는 게 돈이라고요. 재능은 비상하지만 돈을 사랑하는 더러운 마음을 지니고 있어요. 그처럼 더러운 마음을 지닌 사람의 캔버스를 어떻게 진열하겠어요? 그의 작품은 제 속옷에나 그리면 충분해요!"

그 말을 하고는 속치마를 하나 집어 던지면서 거기에다 그림을 그려 달라고 했다. 겟센은 일을 시작하기 전에 늘 묻는 질문을 했다.

"얼마를 내시겠습니까?"

"아, 요구하시는 대로요" 하고 기생은 말했다. 겟센은 액수를 말했고, 그림을 그렸고, 그리고 부끄럼 없이 돈을 주머니에 챙겨 넣고서 훌쩍 가 버렸다.

여러 해 후에 아주 우연히, 겟센이 그렇게 돈에 욕심을 부린 이유를 어떤 사람이 알게 되었다.

극심한 기근이 종종 그의 고향 지방을 휩쓸곤 했다. 부자들은 가난한 사람들을 도와주기 위해서 아무 일도 안했다. 그래서 겟센은 그 지역에다 비밀 창고들을 짓고서 그런 긴급사태를 위해서 곡식을 가득 채웠다. 아무도 그 곡식이 어디서 왔는지 또는 그 지방의 그 은인이 누구인지는 몰랐다.

겟센이 돈을 원한 또 다른 이유는 수십 리 떨어진 도시에서 그의 마을까지 이르는 길 때문이었다. 길이 너무 나빠서 수레가 다닐 수 없었고, 노인들과 허약한 사람들이 도시에 가야 할 일이 있을 때 많은 고통을 겪었다. 그래서 겟센은 그 길을 고쳤다.

마지막 이유는 겟센의 스승이 늘 원했으나 지을 수 없었던 관상 사원 때문이었다. 겟센은 그의 존경하올 스승께 대한 감사의 표시로 이 사원을 지었다.

"욕심쟁이 스님"은 길과 사원과 창고들을 만든 후에 물감과 붓들을 던져 버리고 관상생활에 잠기기 위해서 산으로 들어갔고, 다시는 또 다른 그림을 그린 적이 없었다.

> 한 사람의 품행에서 보이는 것이란 대개
> 관찰자가 보인다고 상상하는 그것뿐이다.

두 아일랜드 해군 병사가 어느 매춘부 집 밖에 있는 길에서 작업을 하고 있었다.

그때 마침 그 구역 프로테스탄트(Protestant, 개신교) 목사가 오더니 모자를 꾹 눌러쓰고서 그 집 안으로 들어갔다. 팻이 마이크를 돌아보며 말했다.

"그 사람 봤나? 뭘 기대할 수 있겠어? 과연 프로테스탄트(= 이의를 제기하는 자, 변절자)로구먼, 안 그런가?"

곧이어 한 랍비가 그 집 앞에 도착했다. 그는 칼라를 세우고서 역시 안으로 들어갔다. 팻이 말했다.

"종교 지도자라는 자가 백성들에게 몹쓸 모범을 보이는구먼!"

끝으로, 한 가톨릭 신부가 아니고 누가 지나가겠는가. 그는 머리에다 망토 깃을 올려 감싸고서 그 집 안으로 살그머니 들어갔다. 팻이 말했다.

"이거 정말 안됐는걸, 마이크. 그 아가씨들 가운데 하나가 병이 난 게 틀림없다고 생각하니 말이야, 안 그래?"

어떤 사람이 산중 호반에서 낚시를 하며 여름휴가를 지내고 있었다. 하루는 그의 안내자가 지난여름에 안내했던 어느 주교에 대한 일화들을 늘어놓았다.

"그럼요" 하고 안내자는 말했다.

"좋은 분이고말고요. 상스런 말투만 빼놓고서는요."

"주교님이 욕을 하시더라는 말이오?" 하고 낚시꾼이 물었다.

"아, 물론입죠, 선생님" 하고 안내자는 말했다.

"한번은 멋진 연어가 한 마리 물렸는데 말이죠. 막 낚아 올리는 순간, 글쎄 그놈이 그만 낚싯바늘에서 쏙 빠져나가 버렸지 뭡니까. 그래 제가 말했죠.

'빌어먹게도 재수가 없네요!'

그러자 주교님이 제 눈을 똑바로 들여다보시며 말씀하셨죠.

'그래, 정말 그렇구려!'

하지만 주교님께서 그런 말을 쓰시는 걸 들은 건 그때 한 번뿐이었죠."

명치 시대 동안에 두 유명한 스승이 도쿄에 살았다. 둘은 서로가 그처럼 다를 수가 없었다.

한 사람은 진언종眞言宗의 스승인 운쇼雲照로서, 부처님의 모든 권고를 하나하나 지나칠 만큼 소심하게 지키는 사람이었다. 그는 동트기 훨씬 전에 일어났고, 초저녁에 잠자리에 들었고, 해가 중천을 지난 다음에는 아무것도 먹지 않았고, 어떤 주류도 마시지 않았다.

다른 사람은 단잔原擔山이었는데, 동경 제국 대학교 철학 교수였다. 그는 아무 권고도 지키지 않았으니, 먹고 싶을 때 먹었고 대낮에도 잠을 잤다.

어느 날 운쇼가 단잔을 방문해 보니 그는 술에 취해 있었다. 정말이지 아연실색할 장면이었다. 불교도의 혀에는 술을 한 방울도 대어서는 안 되게 되어 있었기 때문이다.

"여보게, 친구" 하고 단잔이 외쳤다.

"들어와서 함께 한잔하겠나?"

운쇼는 분개했으나 자제된 목소리로 말했다.

"난 술 따위는 절대로 안 마시네."

"술을 안 마시는 자는 인간이 아니지" 하고 단잔이 말했다.

이번에는 운쇼가 화를 버럭 냈다.

"내가 부처님께서 명백히 금하신 것을 범하지 않아서 비인간이란 말인가? 인간이 아니라면, 도대체 나는 뭔가?"

"부처님이지" 하고 단잔은 행복하게 말했다.

단잔의 죽는 모습도 사는 모습만큼이나 예사로웠다. 일생의 마지막 날에 그는 엽서 60장을 썼는데, 엽서마다 이렇게 적혀 있었다.

나는 이 세상에서 떠나고 있네.
이것이 나의 마지막 소식일세.
1892년 7월 27일, 단잔

그는 한 친구에게 이 엽서들을 부쳐 달라고 부탁해 놓고서 조용히 세상을 떠났다.

바그다드의 수피 쥬나이드:
"마음씨 고운 관능주의자가 심술궂은 성인보다 낫다."

어떤 가족 다섯 식구가 바닷가에서 즐기고 있었다. 아이들이 해수욕을 하며 모래밭에서 모래성을 쌓고 있을 때 멀리서 한 작은 노부인이 나타났다. 회색 머리카락이 바람에 흩날리고 있었고, 옷은 더러운 데다가 다 해져 있었다. 부인은 해변에서 뭔가를 주워 주머니에 넣으면서 뭐라고 혼잣말을 중얼거리고 있었다.

아이들의 부모가 아이들을 불러 그 노부인한테 가까이 가지 말라고 일렀다. 가끔씩 허리를 굽혀 무엇인가를 주워 담으면서 지나가던 그 노부인은 그 가족한테 미소를 보냈다. 그러나 그 인사에 되돌려 보내는 응답은 없었다.

여러 주일 후에 그들은 그 작은 노부인이 바닷가에서 유리 조각들을 주워서 아이들이 발을 베지 않게 하는 운동을 평생 벌여 오고 있다는 사실을 알게 되었다.

방랑 고행자들이 인도에서는 흔하다. 어떤 시골 어머니는 아들한테 그들하고는 아예 상종을 금했다. 그들 중에는 거룩하기로 이름난 이들도 있는가 하면, 위장한 착취자들도 있기 때문이었다.

어느 날 그 어머니가 창문으로 내다보니 한 고행자가 마을 아이들한테 둘러싸여 있었는데, 놀랍게도 그 사람은 체면도 아랑곳하지 않고서 아이들을 즐겁게 해 주려고 재주넘기를 하고 있었다. 그 광경에 하도 감명을 받아서 그 어머니는 어린 아들을 불러서 말했다.

"얘야, 저분은 거룩한 분이시다. 그분한테는 가도 좋다."

옛날에 한 사제가 있었는데, 매우 거룩해서 누구를 나쁘게 생각하는 일이 결코 없었다.

어느 날 그는 커피 한 잔을 마시려고 어떤 식당에 앉아 있었다. 그날은 단식과 금주의 날이었기에 그것밖에 먹을 수가 없었다. 그런데 놀랍게도 자기 수도회의 한 젊은이가 바로 옆 테이블에서 크고 두툼한 스테이크를 게걸스럽게 먹고 있는 것이 보였다.

"너무 충격을 받지 않으셨기 바랍니다, 신부님" 하고 젊은 친구는 씽긋 웃으며 말했다.

"아! 자네는 오늘이 단식과 금주의 날이라는 걸 잊었나보군."

"아니, 아닙니다. 똑똑히 기억하고 있습니다."

"그러면 어디 아픈 게로군. 의사가 단식을 금했구먼."

"천만에요. 저는 아주 원기왕성하답니다."

그 말에, 그 사제는 눈을 하늘로 향하며 말했다.

"이 젊은 세대가 우리한테 본보기를 보여 주는군요, 주님! 여기 이 젊은이가 거짓말을 하기보다는 차라리 자기 죄를 인정하는 것을 보셨습니까?"

린자이 대선사에 관해 전해 오는 이야기

린자이臨濟 대선사가 매일 밤 자러 가기 전에 마지막으로 한 일은 엄청나게 커다란 소리로 한 번씩 너털웃음을 웃는 것이었는데, 그 소리가 온 복도에 울려 퍼져서 선원 경내의 어디서나 그 웃음소리를 들을 수가 있었다.

그리고 새벽에 일어나서도 제일 먼저 하는 일은 너털웃음을 터뜨리는 것이었는데, 그 웃음소리가 하도 커서 아무리 깊은 잠이 든 스님이라도 모두 깨웠다.

제자들은 왜 웃는지 말해 달라고 계속 졸랐으나 선사는 말하려 하지 않았다. 그리고 선사가 죽었을 때, 그는 그 웃음의 비밀을 무덤까지 갖고 갔다.

스승의 기분이 썩 좋아 보였다. 그래서 제자들은 스승이 거룩함을 추구하면서 거쳐 왔던 과정들을 알려 달라고 졸랐다.

"신은 먼저 손을 잡으시고 나를 행동의 땅으로 이끄셨다" 하고 그는 말했다.

"그리고 거기서 여러 해를 살았는데, 그러다가 신이 돌아오셔서 나를 슬픔의 땅으로 이끄셨다. 그리고 내 마음이 모든 무절제한 애착들을 일소할 때까지 거기서 살았다. 그때가 바로 나 자신이 사랑의 땅에 있다는 걸 알게 된 때였다 — 그분 사랑의 타오르는 불길이 내 안에 남아 있는 자아의 찌꺼기들을 모조리 태워 없애는 바로 그 사랑의 땅에 말이다. 이것이 나를 침묵의 땅으로 데리고 왔다. 거기서 삶과 죽음의 신비들이 경이에 찬 내 눈앞에 적나라하게 드러나게 되었지."

"그게 선생님의 추구의 마지막 단계였습니까?"

"아니다. 하루는 신께서 말씀하시기를,

'오늘 내가 너를 성전의 가장 핵심이 되는 지성소로, 바로 신의 마음에로 데리고 가겠다' 하셨다.

그리고 나는 웃음의 땅으로 인도되었다."

"피고석의 죄수!" 하고 종교재판 법정의 재판장이 말했다.

"당신은 우리 거룩한 종교의 법과 전통과 관례를 깨뜨리도록 사람들을 선동했다는 고발을 받았소. 어떻게 변호하겠소?"

"유죄입니다, 재판장님."

"그리고 이교도, 창녀, 죄인, 착취자 세리, 우리나라를 정복한 식민주의 통치자 등 — 간단히 말해서 파문된 자들과 자주 어울린다는 고발이 있소. 당신은 어떻게 변호하겠소?"

"유죄입니다, 재판장님."

"끝으로, 우리 신앙의 거룩한 교조敎條들을 개조하고, 수정하고, 거기에 이의를 제기한다는 고발도 들어와 있소. 어떻게 변호하겠소?"

"유죄입니다, 재판장님."

"당신 이름이 무엇이오, 피고?"

"예수 그리스도입니다, 재판장님."

어떤 사람들은
자기들의 종교가 의심받고 있는 것을 들었을 때처럼
자기들의 종교가 실천되고 있는 것을 보았을 때에도
똑같이 놀란다.

개구리의 기도

자기

한 나이 지긋한 신사가 큰 도시에서 골동품상을 하고 있었다. 한번은 어떤 관광객이 들러서 그 노인과 그 가게에 쌓여 있는 많은 물건에 대해서 이야기를 하게 되었다.

"여기 갖고 계신 것 중에서 가장 이상하고 가장 신비스런 것이 무엇입니까?" 관광객이 물었다.

노인은 수백 개나 되는 골동품, 박제 짐승, 쭈글쭈글한 머리, 박제 물고기와 새, 고고학적 습득물, 사슴 머리 … 등을 둘러보더니, 관광객에게 돌아서서 말했다.

"이 가게에 있는 것 중에서 가장 이상한 건 의심할 여지도 없이 나 자신입니다."

한 교사가 현대 발명품들에 관한 강의를 하고 있었다.

"여러분 중 누가, 50년 전에는 존재하지 않았던 중요한 것을 말할 수 있습니까?" 교사가 물었다.

앞줄에 앉아 있던 한 총명한 학생이 열심히 손을 들고 말했다.

"접니다!"

알깨움을 주는 어느 수도승 이야기

이집트에 살고 있던 한 수도승이 유혹 때문에 너무도 괴로워서 더는 견딜 수가 없었다. 그래서 그의 독방을 버리고 어디론가 다른 데로 가기로 결심했다.

그가 결심을 실행하려고 신발을 신고 있는데, 그리 멀지 않은 데서 또 다른 수도승이 역시 신발을 신고 있는 것이 보였다.
"당신은 누구요?" 하고 그는 낯선 이에게 물었다.
"나는 당신의 자아요" 하고 낯선 이는 대답했다.
"나 때문에 이곳을 떠나는 길이라면, 한 가지 알려 주고 싶은 것이 있소. 당신이 어디를 가든지 나도 늘 당신하고 같이 가게 된다는 사실이오."

어느 절망적인 환자가 정신과 의사에게:
"어디를 가나 나 자신을 데리고 다녀야 하는데
바로 그게 모든 걸 망친다고요."
당신이 달아나고 있는 것
당신이 동경하고 있는 것
둘 다가 당신 안에 있다.

어떤 구도자가 거룩함의 길로 인도해 줄 스승을 찾아서 어느 구루가 주재하는 아쉬람에 왔는데, 그 구루는 거룩하기로 평판이 자자한 데다가 또한 사기꾼이었다. 그러나 그 구도자는 이것을 알지 못했다.
"자네를 제자로 받아들이기 전에" 하고 구루는 말했다.
"자네의 순종을 시험해 보아야겠네. 아쉬람 옆으로 흐르는 강이 있는데, 물속에 악어들이 우글거리고 있지. 그 강을 걸어서 건너가길 바라네."

젊은 제자는 믿음이 워낙 대단해서 그냥 시키는 대로 했다. 그는 강을 가로질러 걸어가면서 외쳤다.

"모든 찬미를 우리 스승님의 능력에!"

구루가 깜짝 놀라게도 그는 건너편 둑까지 걸어갔다가 무사히 돌아왔다.

이 일로 해서 구루는 자신이 생각했던 것보다 더 성자답다고 확신하게 되었고, 그래서 모든 제자들한테 자기 능력을 과시해서 자신의 거룩함에 대한 평판을 높이기로 결심했다. 그는 강으로 들어서며 외쳤다.

"모든 찬미를 나에게! 모든 찬미를 나에게!"

그러자 악어들이 재빨리 그를 물더니 삼켜 버렸다.

빛의 천사로 둔갑한 사탄이 사막의 거룩한 교부 한 분에게 나타나서 말했다.

"나는 가브리엘 천사인데, 전능하신 분께서 너한테 보내셨다."

수도승은 대답했다.

"다시 생각해 보십시오. 누군가 다른 사람한테 보내셨겠지요. 저는 천사의 방문을 받을 만한 일을 한 것이 없습니다."

그 말을 듣자 사탄은 사라졌고 다시는 감히 그 수도승 곁에 얼씬도 하지 않았다.

일본에서 한 관광객이 골프장에 갔을 때, 대부분의 좋은 캐디들은 여자들이라는 걸 발견했다.

하루는 그가 골프 코스에 늦게 도착했기에 열 살 난 어린 소년을 캐디로 써야 했다. 작은 아이였는데, 코스나 게임에 대해서는 거의 아무것도 몰랐고 영어라고는 세 단어밖에 몰랐다.

그러나 그 세 단어 덕분에 관광객은 거기 머무는 동안에 그 아이를 캐디로 썼다. 그가 공을 칠 때마다 그 꼬마 친구는 결과하고는 상관도 없이 발을 구르며 감격해서 외쳤다.

"되게 잘 치네!" Dammed good shot!

한 부인이 열다섯 살 난 아들의 행동 때문에 속이 상했다. 함께 외출했을 때마다 저만치 앞서 걸어갔기 때문이다. 제 어미를 부끄럽게 여기는 걸까? 하루는 부인이 따지자 아들은 무안해하며 말했다.

"아, 아녜요, 엄마. 그냥 엄마가 너무 젊어 보여서 친구들이 내가 새 여자 친구를 사귄 줄로 의심할까 봐 그런 거예요."

부인의 상심은 요술처럼 사라졌다.

어떤 노신사가 케이크를 한 조각 들고 문 앞에 서 있었다.

"아내가 오늘 여든여섯 살 되는 날인데, 생일 케이크 한 조각 들어 보시랍니다." 케이크를 받으며 그 집 주인은 각별히 감사를 표시했는데, 그걸 갖다 주려고 노인네가 거의 오리 길이나 걸어오셨기 때문이었다.

한 시간 뒤에 그 노신사가 되돌아왔다.

"뭐가 잘못되었습니까?" 그 집 주인이 물었다.

"저" 하고 노신사는 몹시 수줍어하며 대답했다.

"아내가 실은 여든다섯 살밖에 안 된다고 말하고 오라고 되돌려 보내서 왔습니다."

수탉 한 마리가 커다란 말이 있는 마구간에서 땅을 헤치며 돌아다니고 있었는데, 말이 점점 불안해하면서 역시 돌아다니기 시작하자, 수탉이 올려다보며 말했다.

"우리 둘 다 조심하는 게 좋겠어. 안 그러면 서로 발가락을 밟기 쉬울 테니까."

노아가 모든 동물들을 방주 속으로 들여보내기 위해
줄을 세워 놓았을 때 개미가 코끼리에게 뭐라고 했게?
"그만 밀어!"

벼룩 가족이 코끼리 귀 속으로 이사하기로 결정했다. 그래서 벼룩 씨는 외쳤다.

"코끼리 씨, 제 가족이 당신 귀 속으로 이사를 갈 계획입니다. 예의상 그래야 마땅하다고 생각하여 일주일 말미를 드리겠으니, 이 문제에 대해서 잘 생각해 보시고 이의가 있으시다면 알려 주시기 바랍니다."

벼룩이 있는지조차도 알아차리지 못한 코끼리는 그럭저럭 덤덤히 지내고 있었다. 그래서 벼룩은 양심적으로 일주일을 기다린 후에, 코끼리가 동의한다고 가정하고서 이사를 했다.

한 달 후에 부인 벼룩은 코끼리의 귀가 살기에 건강한 장소가 못 된다고 결정하고서 남편한테 이사를 가자고 졸랐다. 남편 벼룩은 적어도 한 달은 더 머물자고 아내를 달랬다. 그래야 코끼리의 마음을 상하지 않을 것이라고.

마침내 그는 할 수 있는 한 재치 있게 그 문제를 꺼냈다.

"코끼리 씨, 우리는 다른 데로 이사 갈 계획입니다. 물론 당신 때문은 아닙니다. 당신 귀는 넓디넓고 따뜻하니까요. 다만 아내가 들소 발에 사는 친구 옆집으로 이사가고 싶어 해서 그럴 뿐입니다. 우리가 이사가는 데 이의가 있으시다면, 일주일 안으로 알려 주시기 바랍니다."

코끼리는 말이 없었고, 벼룩은 편안한 마음으로 이사를 갔다.

우주는 네 존재를 알아차리지 못하고 있다!
마음 푹 놓아라!

무대장치 팀이 무대에 마지막 손질을 하느라고 바빴기 때문에, 합창단은 난장판 속에서 마지막 연습을 하고 있었다.
 한 젊은 친구가 어찌나 크게 망치질을 시작했던지 그 시끄러운 소음을 참을 수가 없게 되자, 지휘자는 지휘를 멈추고 호소하듯이 그를 쳐다보았다.
 "그냥 계속하십시오, 지휘자 선생님" 하고 유쾌한 일꾼이 말했다.
 "저한테는 조금도 방해가 안 되니까요."

어떤 부인이 샤워를 하고 알몸으로 나와서 막 타월을 집으려다가 보니 소스라치게도, 한 남자가 비계 위에 올라서서 창문을 닦다가 부인을 멋있다는 듯이 빤히 바라보고 있었다.
 예기치 않은 출현에 너무도 놀란 부인은 꼼짝도 못하고 서서 그 남자를 입을 벌리고 쳐다보았다.
 "왜 그러십니까, 부인?" 하고 그 친구는 쾌활하게 물었.
 "전에 창문 닦는 사람을 본 적이 없으십니까?"

옛날에 한 과학자가 자기 자신을 복제하는 기술을 발견했는데, 복제품과 진짜를 구분하기가 불가능할 만큼 완벽했다.
 하루는 저승사자가 그를 찾고 있다는 사실을 알고서 그는 자기 자신을 열둘이나 만들었다. 저승사자는 자기 앞에 있는 열셋 중에 어떤 것이 그 과학자인지 알아낼 수가 없어서 난처해졌다. 그래서 그들을 두고 혼자 하늘로 올라갔다.

그러나 오래지 않아서, 저승사자는 사람의 본성에 대해서는 전문가였던지라, 영리한 꾀가 떠올랐다. 그는 말했다.

"선생, 그렇듯 완벽하게 자기 자신을 복제하는 데 성공했으니 선생은 천재임에 틀림없군. 하지만 나는 선생 작품 중에서 흠을 하나 발견했지. 그저 아주 작은 흠 하나를."

과학자는 즉시 펄쩍 뛰며 외쳤다.

"그럴 리가! 그 흠이 어디 있단 말입니까?"

"바로 여기" 하고 저승사자는 말하면서 그 과학자를 복제품 사이에서 집어 올려 데리고 갔다.

현명하기로 널리 알려진 한 아랍인 노판관이 있었다. 하루는 어느 가게 주인이 그 노판관에게 찾아와서, 자기 가게에서 물건들을 도둑맞았는데 그 도둑을 잡을 수가 없다고 불만을 털어놓았다.

판관은 가게 문을 돌쩌귀에서 떼어 내어 장터로 가져다가 50번 매질을 하라고 명했다. 이유인즉 그 문은 도둑을 막는 제 임무를 수행하지 못했기 때문이라는 것이었다.

많은 군중들이 이 이상한 처형을 구경하러 몰려들었다. 매질이 끝나자 판관은 허리를 구부리고서, 그 문한테 도둑이 누구냐고 묻고는 문이 하는 말을 더 잘 들으려고 문에다 귀를 갖다 대었다.

판관은 일어서더니 발표했다.

"문이 밝히기를, 그날 밤 도둑질을 한 사람은 쓰고 있는 터번 위에 거미집이 있는 사람이라고 합니다."

즉시 군중 가운데 한 남자의 손이 자기 터번 위로 올라갔다. 그의 집을 뒤져 보니 도둑맞은 물건들이 나왔다.

자아를 노출시키는 데는
아첨이나 비난 한 마디로 족하다.

한 노부인이 죽자 천사들이 그 부인을 심판석으로 데리고 갔다. 부인의 기록을 아무리 조사해 보아도 심판관은 그 부인이 자비를 베푼 사례를 하나도 찾아낼 수가 없었다 — 단 한 번, 굶주린 거지에게 당근 하나를 준 것 외에는.

그러나 단 한 번 베푼 사랑의 행위가 지닌 힘이란 그렇듯이 큰 것이기에, 그 부인은 그 당근에 힘입어 하늘로 올려지도록 결정되었다. 심판관은 그 당근을 법정에 가져오게 해서 부인에게 주었다. 부인이 당근을 손으로 잡는 순간, 당근은 마치 어떤 보이지 않는 줄이 잡아당기는 듯이 위로 올라가면서 부인을 하늘로 향하여 들어 올렸다.

거지 한 사람이 나타났다. 그는 그 부인의 옷자락을 꽉 붙잡고서 함께 따라 올라갔다. 셋째 사람이 그 거지의 발을 잡았고 그도 올라갔다. 이내 그 당근 때문에 하늘로 올려지는 사람들이 긴 줄을 이루게 되었다. 그리고 이상하게 생각될지 모르나, 그 부인은 자기를 붙들고 있는 저 모든 사람들의 무게를 조금도 느끼지 못하고 있었다. 사실 그 부인은 하늘을 쳐다보고 있었기에 그들을 못 보았던 것이다.

그들은 점점 높이 올려져서 드디어 거의 하늘의 문 앞에까지 이르렀다. 마지막으로 한 번 땅의 모습을 보기 위해 뒤를 돌아본 바로 그때, 그 부인은 자기 뒤에 줄지어 달려 있는 이 모든 사람들을 보게 되었다.

노부인은 화가 났다! 그리고 오만하게 손을 내저으며 외쳤다.
"놔요, 놔, 당신들 모두! 이 당근은 내꺼라고요!"
노부인은 오만한 손짓을 하느라고 잠시 당근에서 손을 놓아 버렸고, 그리고 그 모든 사람들과 함께 아래로 떨어졌다.

지상의 모든 악에는
단 한 가지 원인이 있을 뿐이다.
"내 것이다!"라는.

칭이라는 목각사가 종틀 만드는 일을 방금 마쳤다. 그 작품은 마치 정령들의 작품처럼 보였고, 그래서 그것을 본 사람들이 모두들 경탄해 마지않았다.

루 지방 공작이 그것을 보고 물었다.
"이런 작품을 만들 수 있다니, 어쩌면 그처럼 천재이시오?"
그 목각사는 대답했다.
"공작님, 저는 그저 장인일 뿐, 천재가 아닙니다. 그러나 한 가지 비결은 있습지요.

제가 종틀을 하나 만들기로 할 때는 사흘 동안 묵상을 해서 마음을 차분하게 가라앉힙니다. 사흘을 묵상하고 나면, 보답이나 보수에 대해서는 생각이 나지 않게 됩니다. 닷새 동안 묵상하고 나면, 칭찬이나 비난에 대해서 또는 솜씨가 있다든가 졸렬하다든가에 대해서 더는 생각하지 않게 됩니다. 이레를 묵상하고 나면, 문득 저의 사지를, 제 몸을 잊어버립니다. 아니, 바로 저 자신을 잊어버립니다. 왕실과 제 주위를 의식하지도 않게 되고 오직 제 기술만 남게 되지요.

그 상태에서 저는 숲 속으로 가서 나무 하나하나를 살펴보면서 종틀 감으로 완벽하게 갖추어진 나무를 하나 발견할 때까지 돌아다닙니다. 그런 다음에 제 두 손이 그 일을 맡습니다. 저 자신은 옆으로 제쳐 놓고서, 자연과 자연이 저를 통해서 이루어지는 그 일 안에서 서로 만나게 되는 것이지요.

모두들 완성된 작품을 보고서 정령들의 작품이라고들 하는 것은 틀림없이 바로 이런 이유 때문일 것입니다."

세계적으로 저명한 바이올린 연주가가
베토벤의 바이올린 협주곡을
성공적으로 연주한 다음에 한 말:

"내게는 훌륭한 음악, 훌륭한 바이올린, 훌륭한 활이 있습니다.
나는 그저 그것들을 한데 모아 놓고
방해가 되지 않게 비켜서기만 하면 됩니다."

한 제자가 회교도 스승인 마루프 카르크히에게 와서 말했다.

"저는 선생님에 대해서 사람들에게 얘기해 왔습니다. 유대교인들은 선생님이 자기들 중의 하나라고 합니다. 그리스도인들은 선생님을 자기네 성인들 중의 하나로 여깁니다. 그리고 회교도들은 선생님을 회교의 영광으로 추앙합니다."

마루프는 대답했다.

"그건 그네들이 여기 바그다드에서 하는 말이지. 내가 예루살렘에 살 때는 유대교인들이 나한테 그리스도인이라는 별명을 붙였다네. 그리스도인들은 회교도라고, 그리고 회교도들은 유대교인이라고 하고."

"그러면 우리는 선생님에 대해서 어떻게 생각해야 합니까?"

"나 스스로에 대해서 이렇게 말했다는 사람으로 나를 생각하게나. '나를 이해하지 못하는 사람들은 나를 존경한다. 나를 욕하는 사람들은 또한 나를 이해하지 못한다.'"

친구들과 원수들이 당신이라고 말하는
그것을 당신 자신이라고 생각한다면,
당신은 분명히 자신을 알지 못하는 것이다.

혼수상태에 빠져 사경을 헤매고 있던 어떤 부인이 불현듯 하늘로 들어 올려져 재판석 앞에 서 있다는 느낌이 들었다.

"너는 누구냐?" 한 목소리가 물었다.

"저는 시장의 부인입니다" 하고 부인은 대답했다.

"네가 누구의 부인이냐고 묻지 않고 네가 누구냐고 물었다."
"네 자녀의 어머니입니다."
"누구의 어머니냐고 묻지 않고 누구냐고 물었다."
"교사입니다."
"직업이 무엇이냐고 묻지 않고 누구냐고 물었다."
그렇게 문답은 계속되고 있었다. 부인이 무슨 대답을 하든지 간에, "네가 누구냐?"라는 그 질문에는 만족할 만한 대답이 못 되는 것 같았다.
"저는 그리스도인입니다."
"네 종교가 무엇이냐고 묻지 않고 네가 누구냐고 물었다."
"저는 매일 교회에 나갔고 항상 가난한 이들을 도왔습니다."
"무엇을 했느냐고 묻지 않고 누구냐고 물었다."
부인은 그 시험에 떨어진 것이 분명했다 — 지상으로 되돌려 보내지게 되었으니까.
병에서 회복되자, 부인은 자기가 누구인지 찾아내기로 마음먹었다. 그리고 그 결심은 모든 것이 달라지게 만들었다.

너의 의무는 너로서 있는 것이다.
누군가이거나 아무도 아니어야 하는 것도 아니고
— 거기에는 욕심과 야망이 있기에 —
이것이나 저것이어야 하는 것도 아니며
— 그렇다면 조건부가 되기에 —
다만 너로서 있는 것이다.

근심스런 얼굴로 한 사나이가 정신과 의사 진료실로 들어왔다. 그는 마리화나를 피우고 있었고, 사랑의 목걸이를 달고 있었고, 단이 해진 나팔바지를 입고 있었으며, 머리카락이 어깨까지 자라 내려와 있었다.

정신과 의사가 말했다.

"당신은 히피가 아니라고 주장하는데, 그렇다면 그 옷, 그 머리, 그 마리화나를 어떻게 설명하겠습니까?"

"바로 그걸 알아내려고 여기 온 겁니다, 의사 선생님."

> 사물을 아는 것은 박식하게 되는 것이다.
> 다른 사람들을 아는 것은 지혜롭게 되는 것이다.
> 자신을 아는 것은 깨치게 되는 것이다.

한 학생이 언어 실습실에 올라와서 사무원에게 말했다.

"빈 테이프 하나 주시겠어요?"

"무슨 말을 공부하고 있지요?" 사무원이 물었다.

"불어요." 학생이 대답했다.

"죄송합니다. 불어로 된 빈 테이프는 없는데요."

"그럼 영어로 된 빈 테이프는 있습니까?"

"네, 있어요."

"좋아요, 그중에서 하나 가져가겠어요."

빈 테이프가 불어로 된 것인지
영어로 된 것인지에 대해 말하는 것이나
어떤 사람이 프랑스 사람인지
영국 사람인지에 대해 말하는 것이나
마찬가지다.
프랑스인이냐 영국인이냐는 당신이 붙인 조건이지
당신 자신은 아니다.
미국인 부모한테 태어나서
러시아인 부모에게 입양된 한 아이가
자신이 입양되었다는 아무 개념도 없이
자라서 러시아 영혼의 총체적인 무의식과
조국 러시아의 포부를 표현하는
위대한 애국 시인이 되고자 한다고 하자.
그는 러시아인인가? 미국인인가?
어느 쪽도 아니다.
당신이 누구인지, 무엇인지 찾아내어라.

어떤 사람이 부처님께 드리려고 두 손에 하나씩 꽃을 들고 찾아왔다. 부처님은 그를 쳐다보시며 말씀하셨다.

"버리게!"

꽃을 버리라시다니 믿을 수가 없었다. 그러다가 아마도 왼손에 들고 있는 꽃을 버리라시나보다는 생각이 들었다. 왼손으로 무언가를 주는 것은 상서롭지 못하며 예의에 어긋난다고 여겨지는 풍속이 있었기 때문이다. 그래서 왼손에 들고 있던 꽃을 버렸다.
그런데도 부처님은 말씀하셨다.
"버리게!"
이번에는 꽃을 다 버리고 부처님 앞에 빈손으로 서 있었으나, 부처님은 미소를 지으며 다시 한 번 말씀하셨다.
"버리게!"
"무엇을 버리란 말씀입니까?" 어쩔 줄 몰라 하며 그는 물었다.
"꽃이 아니라 그걸 가져온 그 사람을 버리라는 말일세."

"그 문짝을 어쩌려고 그렇게 떼어 들고 나왔나?"
"우리 집 현관문인데, 열쇠를 잃어버려서
새 열쇠를 맞추려고 들고 나가는 길이라네."
"이제 그 문을 잃어버리지 않도록 조심하게나
안 그러면 집에 못 들어갈 테니."
"그래서 아주 신중을 기하려고 창문을 하나 열어 놓았지."

모두들 지혜의 화신으로 여기는 한 구루가 있었다. 매일같이 그는 영성생활의 다양한 측면에 관해서 이야기했다. 그리고 모두들 그 가르침의 다양하고 깊이 있고 매혹적인 내용으로 보아 아무도 이 사람을 능가하지는 못하리라는 것을 분명히 느꼈다.
제자들은 무한정 길어 내는 그 지혜의 원천이 어디에 있는지 여러 번 물었다. 그는 그 모든 것이 어떤 책에 적혀 있는데 자기가 죽은 후에 물려받게 되리라고 했다.

그가 죽은 다음 날, 제자들은 그 책이 있을 것이라고 한 바로 그곳에서 그 책을 찾았다. 그 책은 한 쪽밖에 안 되었고, 그것도 단 한 문장만이 씌어 있었다.

"담는 그릇과 담긴 내용의 차이를 이해하라, 그러면 지혜의 샘이 너희에게 열릴 것이다."

반게이 선사는 아무 학교도 세우지 않았다고 한다.
아무 작품도, 아무 제자도 남기지 않았고,
하늘을 가로질러 날며
아무 흔적도 남기지 않는 새와도 같았다고 한다.
그에 관해서 이런 말들을 했다.
"그가 숲에 들어갔을 때는 풀잎 하나도 움직이지 않았고,
그가 물에 들어갔을 때는 잔물결 하나도 일지 않았다."
그는 삼라만상을 방해하지 않았다.
그 어떤 대담한 업적도, 그 어떤 정복이나 성취나 영성도,
이것, 즉 삼라만상을 방해하지 않는 것과는 비교가 안 된다.

우파니샤드에 나오는 이야기

현자 우다라카는 자기 아들 스베타케투한테 그 많은 허울 뒤에 숨어 계시는 그분을 보도록 가르쳤다. 그는 이것을 여러 가지 비유를 써서 가르쳤는데, 다음의 이야기가 그 하나다.

어느 날 그는 아들에게 일렀다.

"이 소금을 물에 넣고, 내일 아침에 다시 오도록 해라."

소년은 시키는 대로 했고, 다음 날 아버지가 말했다.

"어제 물에 넣었던 그 소금을 가져오너라."

"못 찾겠는데요. 녹아 버렸는걸요."

"그 접시 이쪽의 물을 찍어 맛을 보아라. 무슨 맛이 나느냐?"

"소금요."

"가운데를 찍어서 맛을 보렴. 무슨 맛이냐?"

"소금요."

"다른 쪽 물맛을 보아라. 무슨 맛이지?"

"소금요."

"물을 쏟아 버려라" 하고 아버지가 말했다.

소년은 그렇게 했고, 물이 증발한 다음에 소금이 다시 나타나는 것을 바라보고 있었다. 그러자 우다라카는 말했다.

"신을 여기서 지각할 수는 없지만, 애야, 사실 신은 여기에 계시단다."

구도자가 깨우침에 이르지 못하는 이유는
추구의 대상이 구도자 자신임을
이해하지 못하기 때문이다.
하느님은, 아름다움처럼,
보는 사람의 "나" 안에 계시다.

개구리의 기도

사 랑

"제 친구가 전장에서 돌아오지 않았습니다. 가서 데리고 오게 허락해 주십시오."

"허락 못한다" 하고 장교가 말했다.

"죽었을지도 모를 사람을 위해 목숨을 걸게 하고 싶진 않아."

그 사병은 그래도 갔다. 그리고 한 시간 뒤에 치명상을 입고서 전우의 시체를 메고 돌아왔다.

장교는 몹시 화를 냈다.

"죽었다고 했잖아. 이제 난 자네들을 둘 다 잃었다. 말해 봐, 그래 시체 하나를 가져오려고 거기까지 가는 게 가치가 있는 일이었나?"

죽어 가는 사병이 대답했다.

"아, 그럼요. 제가 갔을 때 그 친구는 아직 살아 있었습니다. 그리고 이렇게 말했습니다.

'잭, 난 자네가 꼭 올 줄 알았네.'"

어린 소녀가 어떤 병으로 죽어 가고 있었는데, 그 병은 소녀의 여덟 살 난 오빠가 얼마 전에 걸렸다가 나았던 병이었다.

의사가 소년에게 말했다.

"네 피를 수혈하는 것만이 동생의 생명을 구할 수 있다. 네 피를 동생한테 줄 각오가 되어 있니?"

소년의 눈이 겁이 나서 커다래졌다. 그는 잠시 망설였다. 그러더니 드디어 말했다.

"네, 선생님. 그렇게 하겠어요."

수혈이 끝나고 한 시간 뒤에 소년은 머뭇거리며 물었다.

"저, 선생님. 저는 언제 죽게 되나요?"

그제야 의사는 그 아이를 사로잡았던 순간적인 두려움을 이해하게 되었다.

그애는 자기 피를 줌으로써 동생을 위해 자기 생명을 바치는 줄로 생각했던 것이다.

어떤 제자가 세상을 포기하고 출가하기를 무척 원했다. 그러나 가족이 자기를 너무도 사랑하기에 가도록 놓아 주지를 않는다고 주장했다.

"사랑?" 하고 그의 구루가 말했다.

"그건 전혀 사랑이 아니지. 잘 듣게…"

그러고는 제자에게 죽은 상태처럼 되게 할 수 있는 요가의 비결을 하나 가르쳐 주었다. 다음 날 그 제자는 누가 보나 죽은 사람이었고, 그의 온 집이 가족들의 곡성으로 가득했다.

그러자 구루가 와서 울고 있는 가족에게 말했다.

"만일 누군가가 대신 죽을 사람이 있으면 그를 다시 살릴 능력이 나에게 있소. 지원자가 있소?"

"시체"가 놀라게도, 가족마다 자기는 왜 생명을 보존할 필요가 있는지 이유들을 대기 시작했다. 그의 아내는 다음의 말로 모든 변명들을 요약했다.

"사실은 그이 대신 아무도 죽을 필요는 없어요. 그이가 안 계셔도 살아갈 수는 있어요."

세 어른이 어느 날 아침에 부엌에서 커피를 마시고 있었고, 그동안 아이들은 부엌 바닥에서 놀고 있었다.

만일 위험이 닥치면 어떻게 하겠는가 하는 데로 화제가 돌아갔는데, 어른들마다 제일 먼저 할 일은 물론 아이들을 구하는 일이라고 말했다.

갑자기 압력솥의 안전판이 터지면서 김이 폭발하자 온 부엌에 김이 자욱하게 되었다.

2초 내에 모두들 부엌 밖으로 뛰쳐나갔다 — 바닥에서 놀고 있던 아이들을 제외하고는.

어느 큰 부자의 장례식에서, 낯선 이가 다른 이들처럼 커다랗게 애통해하며 울고 있는 것이 보였다.

예절을 집전하던 사제가 그에게 다가가서 물었다.

"당신도 돌아가신 분의 친척이신가보군요?"

"아닙니다."

"그렇다면 왜 울고 계십니까?"

"바로 그 이유 때문이지요."

모든 애통은 어떤 경우에나
자신을 위한 것이다.

어떤 공장이 불에 타서 내려앉고 있을 때, 그 건물의 소유자인 노인이 재산을 잃게 되었다며 큰 소리로 울고 있었다.
"아버지, 무엇 때문에 울고 계세요?" 하고 아들이 물었다.
"우린 그 공장을 나흘 전에 팔았다는 걸 잊어버리셨어요?"
그 말에 노인의 눈물이 즉시 멎었다.

한 판매원이 화사한 색깔의 바지 하나를 어떤 젊은이에게 팔았는데, 그 젊은이는 자기가 산 물건을 아주 좋아하는 것 같았다.
다음 날 그 젊은이가 다시 와서는 바지를 무르고 싶다고 했다. 이유는 이랬다.
"여자 친구가 마음에 안 든대요."
일주일 후에 그가 싱글벙글하며 다시 와서는 그 바지를 사고 싶다고 했다.
"여자 친구가 마음을 바꾸었나보군요?"
"아뇨, 여자 친구를 바꿔 버렸어요."

어머니: 네 여자 친구가 너한테서 어떤 점을 좋아하니?
아들: "내가 잘 생기고, 재주가 많고, 영리하고, 춤을 잘 춘다고 생각한대요."
어머니: "그럼 넌 그 여자 친구의 어떤 점을 좋아하니?"
아들: "내가 잘 생기고, 재주가 많고, 영리하고, 춤을 잘 춘다고 생각하거든요."

친구 간인 두 부인이 여러 해 만에 만났다.

"그래, 네 아들은 어떻게 되었니?" 하고 한 부인이 물었다.

"아들? 가엾고 가엾은 것!" 하며 다른 부인이 한숨을 쉬었다.

"얼마나 불행한 결혼을 했다고 — 집에서 손 하나 까닥 안 하려 드는 여자하고. 요리도 안 하려 들고, 바느질도 안 하려 들고, 빨래나 청소도 안 하려 드는 여자라고. 하는 일이라고는 침대에서 잠이나 자고 빈둥거리며 책이나 읽는 거야. 가엾은 녀석이 아침 식사까지 침대로 날라다 준단다, 그걸 믿겠니?"

"저런, 그럴 수가! 그리고 딸은 어떻게 되었니?"

"아 — 그애는 정말 행운아란다! 천사하고 결혼했지. 그애 남편은 그애한테 집안일을 하나도 못하게 해. 하인들이 있어서 요리며 바느질이며 빨래며 청소까지 다 해 주지. 그리고 매일 아침 남편이 침대로 아침 식사를 갖다 준단다, 믿어지니? 그애가 하는 일이라고는 자고픈 만큼 실컷 자고 나서 남은 하루는 침대에서 쉬면서 책이나 보며 지내는 거란다."

"**자**네는 내 딸이 원하는 걸 줄 수 있다고 생각하나?" 하고 어느 아버지가 딸의 구혼자에게 물었다.

"물론입니다. 따님은 자기가 원하는 건 저뿐이라고 했습니다."

그 여인이 원하는 것이 돈이었더라면,
아무도 그것을 사랑이라고 하지 않을 것이다.

그 여인이 원하는 것이 당신이라고 한다면,
왜 그것은 사랑일까?

열네 살 난 소년 로버트가 이웃에 사는 열네 살 난 소녀와 사랑에 빠지자, 그는 애인한테 원하는 비싼 시계를 사 줄 만큼 돈을 마련하기 위해서 가진 물건을 다 팔고 허드렛일마저 했다. 그의 부모는 어이가 없었으나 아무 말도 안 하는 것이 제일 낫겠다고 결정했다.

그 물건을 살 날이 되었다. 그러나 로버트는 돈을 쓰지 않은 채 쇼핑 원정에서 돌아왔다. 그의 설명은 이러했다.

"그애를 보석상에 데리고 갔는데요, 그 시계는 조금도 갖고 싶지 않다는 거예요. 다른 것에 더 마음이 끌렸어요. 팔찌, 목걸이, 금반지 같은 것에요."

"그애가 마음을 결정하려고 가게를 돌아다니는 동안, 저는 언젠가 선생님께서 우리들한테 해 주신 말씀이 생각났어요 — 무언가를 손에 넣기 전에 무엇 때문에 그걸 갖고 싶어 하는가를 스스로에게 물어야 한다시던 …. 바로 그때 저는 결국 그애를 정말로 원하지는 않는다는 걸 깨달았어요. 그래서 가게를 나와서 와 버렸어요."

한 어린 소년이 자기 애완용 거북이가 연못 옆에 벌렁 누워서 죽은 듯이 가만히 있는 것을 보고 슬픔에 잠겼다.

아이 아버지는 위로하느라고 최선을 다했다.

"울지 말아라, 얘야. 우리 거북 씨를 위해서 멋진 장례식을 준비하자꾸나. 작은 관을 만들어 그 안에 비단을 쫙 깔고, 장의사를 불러다 묘비를 만들어 거기에 거북 씨의 이름을 새기게 하자. 그런 다음 매일같이 그 무덤에 싱그러운 꽃을 갖다 놓고, 무덤 주위에 작은 말뚝으로 울타리를 만들자."

소년은 눈물을 그치고 그 계획에 열중하게 되었다. 모든 것이 준비되자 행렬을 이루었다 — 아버지, 어머니, 하녀 그리고 꼬마 상주. 그리고 그들은 시체를 가지러 연못을 향해 엄숙하게 걸어가기 시작했다. 그런데 "시체"가 사라지고 없었다.

갑자기 거북 씨가 연못 깊은 데서 솟아오르며 즐겁게 헤엄쳐 다니는 것이 보였다. 소년은 너무도 실망한 눈빛으로 바라보고 있더니 이윽고 말했다.

"우리 저 거북이를 죽여요."

내가 마음 쓰는 것은 정작 네가 아니라
너를 사랑하는 데서 맛보는
나의 가슴 두근거리는 기쁨이다.

깨달음을 추구하는 한 여승이 나무 불상을 만들어서 황금 꽃잎으로 덮었다. 불상은 매우 아름다웠고 여승은 어디를 가나 그걸 가지고 다녔다.

여러 해 뒤, 여전히 불상을 갖고 다니던 여승은 어느 작은 절에 정착하게 되었는데, 그 절에는 불상이 많이 있었고 저마다 따로 제단이 있었다.

여승은 날마다 황금 불상 앞에다 향을 피우기 시작했는데, 실망스럽게도 연기가 더러는 옆의 제단으로 날아가 버렸다. 그래서 여승은 종이 깔때기를 만들어서 그걸 통해 연기가 자기 불상으로만 피어오르게 했다.

이 연기 때문에 황금 불상의 코가 까맣게 보기 싫어졌다.

18세기 초에 프로이센을 다스렸던 프리드리히 빌헬름은 성급한 사람으로 알려졌다. 그는 또한 격식을 몹시 싫어했다. 그는 수행원 없이 베를린 거리를 걷곤 했는데, 누군가가 우연히 그를 불쾌하게 만들면 — 그리 드문 일이 아니었는데 — 그 운수 나쁜 희생자에게 지팡이를 휘두르기도 주저하지 않았다.

사람들이 멀리서 그를 보고 미리 슬슬 피해 달아나 버리는 것도 그리 놀라운 일은 아니었다. 한번은 프리드리히 왕이 거리를 걸어가고 있는 것을 어떤 베를린 사람이 보았는데 — 그러나 너무 늦게 보았기에, 어느 집 문간으로 숨으려다가 그만 들키고 말았다.

"여봐라!" 하고 왕이 말했다.

"지금 어딜 가고 있는 것이냐?"

그 사람은 떨기 시작했다.

"이 집으로 들어가고 있사옵니다, 폐하."

"그게 너의 집이냐?"

"아니옵니다, 폐하."

"친구 집이냐?"

"아니옵니다, 폐하."

"그렇다면 어째서 그 집으로 들어가고 있느냐?"

그 사람은 이제는 자기를 도둑인 줄로 생각할까 봐 겁이 나기 시작했다. 그래서 진실을 불쑥 말해 버렸다.

"폐하를 피하기 위해서였사옵니다."

"왜 나를 피하고 싶어 했느냐?"

"폐하가 무섭기 때문이옵니다."

이 말에 프리드리히 빌헬름은 화가 나서 새파래졌다. 그는 그 가없은 남자의 어깨를 잡고 마구 흔들며 소리쳤다.

"감히 나를 무서워하다니! 나는 네 통치자요, 너는 나를 사랑하게 돼 있어! 나를 사랑해라, 이놈아! 나를 사랑하라고!"

몸집이 우람한 한 부인이 문을 쾅 닫으면서 등기소로 성큼성큼 걸어 들어왔다.

"내가 쟈콥 쟈콥슨하고 결혼하도록 이 혼인신고 필증을 발급한 사람이 당신이오 아니면 다른 사람이오?" 하고 부인은 그 문서를 책상 위에 던지며 말했다.

등기관은 두꺼운 안경을 통해서 그 문서를 자세히 들여다보았다.

"네, 부인. 제가 발급한 것 같습니다. 왜 그러시죠?"

"그 사람이 도망갔다고요! 그 일을 어떻게 하겠어요?"

아내와 열띤 언쟁을 벌인 후에, 남편이 말했다.

"왜 우리는 절대로 싸우는 일이라곤 없는 우리 집 두 강아지들처럼 평화롭게 살 수는 없을까?"

"그래요, 그 강아지들은 안 싸워요" 하고 아내는 동의했다.

"하지만 둘을 한데 묶어 놓아 보세요, 무슨 일이 벌어지나!"

한 아랍 공주가 자기 노예 한 사람과 결혼하기로 마음을 굳혔다. 왕의 어떤 말이나 행동도 공주의 결심을 바꾸게 하지는 못했다. 그리고 신하들도 왕에게 어떻게 하라고 조언할 수 있는 사람은 아무도 없었다.

마침내 한 지혜로운 노학자가 왕실에 와서 알현을 하게 되었는데, 왕의 난처한 사정을 듣고서 말했다.

"폐하께서는 충고를 잘못하신 것 같사옵니다. 공주님더러 결혼을 못하게 하시면 공주님은 폐하를 원망할 것이고, 그 노예한테 마음이 더 끌리게 되는 법입니다."

"그러면 어떻게 해야 할지 말해 보게나" 하고 왕이 외쳤다.

학자는 한 가지 행동 작전을 제안했다.

왕은 미심쩍었으나 한번 시험해 보기로 하고, 그 노예와 함께 공주를 불러 오게 해서 말했다.

"내가 이 남자에 대한 너의 사랑을 시험하고자 한다. 너는 네 애인과 함께 30일 동안 밤낮으로 한 조그만 방 안에 갇히게 될 것이다. 만일 그 기간이 끝난 다음에도 네가 여전히 그와 결혼하기를 원한다면, 나의 승낙을 받게 될 것이다."

공주는 미친 듯이 기뻐하며 아버지를 끌어안고서 그 시험에 기꺼이 동의했다.

며칠 동안은 만사가 잘되어 갔으나 곧 공주는 싫증이 났다.

한 주일 안에 다른 사람들과 어울릴 수 없는 것을 아쉬워하게 되었고, 자기 애인의 모든 말과 행동에 화를 내게 되었다.

두 주일 후에는 그 남자가 너무 지겨워져서 소리를 지르고 방문을 두드리기 시작했다.

마침내 그 방에서 풀려나게 되자, 공주는 아버지한테 달려가 두 팔로 끌어안으면서, 이제는 몸서리치도록 싫어진 그 남자한테서 자기를 구해 준 것을 고마워했다.

> 따로 사는 것이 함께 살기를 수월하게 한다.
> 거리가 없이는 사람이 관계를 가질 수 없다.

교사가 보니 자기 반의 한 소년이 근심에 잠겨 있었다.

"무슨 걱정이라도 있니?"

"부모님 때문에요" 하고 그애는 대답했다.

"아빠는 저를 입혀 주시고 먹여 주시고 마을에서 제일 좋은 학교에 보내 주시려고 하루 종일 일하세요. 그리고 저를 대학에 보낼 수 있도록 밤일까지 하세요. 엄마는 제가 아무것도 걱정하지 않게 하시려고 온종일 요리하시고 청소하시고 다림질하시고 시장을 보셔요."

"그런데 왜 걱정을 하지?"

"부모님이 도망가려고 하실까 봐 겁이 나요."

주일학교 교사가 칠판에다 자기 반 아이들의 이름을 적기 시작하면서 말하기를, 그 이름들 옆에 각자가 특별히 고맙게 생각하는 것을 한 가지씩 적어 보자고 했다.

한 어린 소년이 자기 이름이 칠판에 적히자 골똘히 생각하고 있더니, 거기다가 뭐라고 써야겠느냐는 질문을 받고서 마침내 말했다.

"어머니."

그래서 교사는 그렇게 적었는데, 교사가 다음 이름을 쓰려 하자 소년은 손을 미친 듯이 내젓기 시작했다.

"왜 그러지?"

"'어머니'를 지워 주세요. 그리고 '강아지'라고 써 주세요."

왜 안 되나?

어떤 사람이 열두 살 난 딸애한테 잔디를 깎으면 돈을 얼마 주겠다고 제안했다. 소녀는 아주 열심히 그 작업을 했고, 저녁녘에는 온 잔디밭이 아름답게 다듬어졌다 — 온 잔디밭이, 그러나 한구석에 안 깎은 넓은 부분만 빼 놓고.

아버지는 잔디밭 전부를 다 깎지 않았기 때문에 약속한 금액을 줄 수 없다고 했다. 그러자 소녀는 그 돈을 포기하더라도 그 부분의 잔디는 깎지 않겠다고 했다.

그 이유를 알아내고 싶어서 아버지는 그 깎지 않은 잔디밭에 가보았다. 거기, 그 잔디 바로 한가운데, 커다란 두꺼비가 한 마리 앉아 있었다.

소녀는 너무도 마음이 고와서 잔디 깎는 기계로 그 위를 지나갈 수가 없었던 것이다.

사랑이 있는 곳에는 무질서가 있다.
완벽한 질서는 세상을 무덤으로 만들곤 한다.

작은 무리가 거리 한구석의 연사 주위에 모여 있었다.
"혁명이 일어나면" 하며 연사는 말하고 있었다.
"모든 사람이 커다란 검정색 리무진을 몰고 다니게 될 것입니다. 혁명이 일어나면, 누구나 부엌에도 전화를 놓게 될 것입니다. 혁명이 일어나면, 누구나 자기 땅이라고 부를 수 있는 작은 땅을 소유하게 될 것입니다."
군중 속에서 한 목소리가 항의했다.
"난 리무진도 땅덩어리도 부엌에 전화도 갖고 싶지 않소."
"혁명이 일어나면" 그 연사는 말했다.
"당신은 얄밉게 잘도 말한 바로 그대로 살게 될 것입니다!"

완벽한 세상을 원한다면,
백성을 없애 버려라.

어느 날 아브라함이 거지 한 사람을 식사에 초대했다. 기도를 마치자 그 거지는 하느님을 들먹이는 건 질색이라면서 저주를 하기 시작했다. 아브라함은 화가 치밀어서 그 불경스런 말을 하는 자를 밖으로 내쫓았다.

밤에 기도를 할 때 하느님께서 그에게 말씀하셨다.

"이 사람은 50년 동안 나를 저주하고 욕했다. 그래도 나는 그에게 날마다 먹을 양식을 주었다. 그런데 너는 단 한 끼도 그를 참을 수가 없었더란 말이냐?"

마을의 한 노부인이 거룩한 현시를 보았다는 말을 듣고 그 마을의 사제가 그것이 진짜인지를 입증하라고 요구했다.

"다음에 하느님께서 나타나시거든 그분 혼자만 아시는 나의 죄를 말씀해 주십사고 청하십시오. 그거면 충분한 증거가 될 것입니다."

한 달 뒤에 그 부인이 다시 왔고, 사제는 하느님께서 다시 나타나셨느냐고 물었다. 부인은 그렇다고 말했다.

"그리고 그 질문을 했습니까?"

"했어요."

"그래, 뭐라고 하십디까?"

"그분은 말씀하셨어요.

'너의 신부님한테 가서 일러 드려라, 나는 그의 죄를 잊어버렸다 더라고.'"

당신이 저지른 끔찍한 모든 일들을
모든 사람이 다 잊어버렸다는 것이 가능한가
당신만 제외하고서?

쎄테에 장로들 몇이 모였는데 난쟁이 요한 아빠스도 그들과 함께 있었다.

그들이 식사를 하는 동안 매우 나이가 많은 한 사제가 일어나서 그들한테 시중을 들려고 했다. 그러나 아무도 물 한 잔이라도 받으려 들지 않았다 — 난쟁이 요한 외에는.

다른 사람들은 다소 충격을 받았고, 후에 그에게 말했다.

"어떻게 당신은 그 연로하고 거룩하신 분의 봉사를 받을 자격이 있다고 여기는 겁니까?"

"글쎄요, 내가 사람들에게 물을 주었을 때, 그들이 그것을 받으면 나는 흐뭇합니다. 당신들은 내가 나에게 무언가를 주는 그 기쁨을 그 노인한테서 빼앗아 버리기를 기대했습니까?"

여덟 살 난 어린 소녀가 자기 용돈으로 어머니한테 선물을 사다 드렸다. 어머니는 고맙고 흐뭇했다 — 가정주부인 어머니들이란 대개가 일은 많이 하고 감사는 별로 받지 못하게 마련이라고 하면서.

어린 딸이지만 소녀는 이 점을 이해하고 있는 것 같았다 — 이렇게 말했으니까.

"엄만 아주 열심히 일을 하시는데, 아무도 그걸 알아주는 사람이 없거든요."

"아빠도 열심히 일을 하신단다."

"그래요, 하지만 아빠는 그런 일로 수다를 떠시진 않거든요."

노인 순례자가 비가 오기 시작하는 매섭게 추운 겨울에 히말라야 산으로 가고 있었다.

여인숙 주인이 그를 보고 말했다.

"이렇게 궂은 날씨에 무슨 수로 거기까지 가실 수가 있겠습니까, 어르신네?"

노인은 쾌활하게 대답했다.

"내 마음이 먼저 거기 다다랐어요. 그래서 내 나머지는 따라가기만 하면 되니 쉽다오."

예레미야는 키가 무척 큰 여인을 사랑하고 있었다. 매일 밤 그는 일을 마치고 그 여인의 집으로 가곤 했는데, 그 여인한테 키스를 하고 싶었지만 너무 수줍어서 청하지를 못했다.

어느 날 밤 그는 용기를 내었다.

"당신한테 키스하게 해 주겠소?"

여인은 기꺼이 응했다. 그러나 예레미야는 유별나게 키가 작았기에 그들은 그가 올라설 수 있는 걸 찾아보았다. 그들은 쓰다 버린 풀무를 찾아내었는데 그 안에는 예레미야에게 꼭 필요한 높이의 모루가 들어 있었다.
　그들이 반 마일쯤 산보를 하고 났을 때, 예레미야가 말했다.
　"꼭 한 번만 더 키스할 수 있겠소?"
　"안 돼요" 하고 여인은 말했다.
　"한 번만이라고 했잖아요. 오늘 밤엔 그걸로 충분해요."
　예레미야가 말했다.
　"그러면 왜 이 망할 놈의 모루를 끌고 올 때 말리지 않았소?"

　　　　사랑은 짐을 지고 짐스럽게 느끼지 않는다!

알 마문이라는 바그다드의 칼리프가 아름다운 아랍 말을 한 마리 갖고 있었는데, 오마라는 한 부족민이 그 말을 무척 사고 싶어 하며 그 말 대신에 낙타를 여러 마리 주겠다고 제안했다. 그러나 알 마문은 그 말과 헤어지고 싶어 하지 않았다.
　이렇게 되자 오마는 몹시 화가 나서 그 말을 속임수로 뺏기로 결심했다.
　알 마문이 말을 타고 늘 일정한 길로 다니고 있다는 것을 잘 알고 있는 오마는 몹시 병이 든 거지처럼 변장을 하고서 그 길가에 누워 있었다.
　그런데 알 마문은 마음이 친절한 사람이라서 그 거지를 보자 불쌍히 여기는 마음이 들었고, 그래서 말에서 내려 병원으로 데려다 주겠노라고 했다.

"아이고!" 하고 그 거지는 외쳤다.

"며칠째 굶어서 일어설 기운도 없습니다."

그래서 알 마문은 그 사람을 부드럽게 붙잡아 일으켜서 자기 말에 태우고 나서, 자기도 타려고 했다. 그러나 그 변장한 거지는 안장에 올라앉기가 무섭게 말을 몰아 냅다 달아나 버렸고, 알 마문은 뒤쫓아 뛰어가며 제발 좀 멈추어 달라고 외쳤다. 오마는 안전한 거리가 생긴 다음에야 말을 멈추고서 뒤를 돌아다보았다.

"자네는 내 말을 훔쳤어" 하고 알 마문이 소리쳤다.

"자네한테 한 가지 부탁이 있네."

"그게 뭐요?" 하고 오마가 외쳤다.

"자네가 어떻게 그 말을 가지게 되었는지를 아무한테도 말하지 말아 달라는 걸세."

"왜요?"

"언젠가는 정말로 아픈 사람이 길가에 누워 있을지도 모르는데, 만일 자네 속임수가 알려지면 사람들이 그를 그냥 지나쳐 버리고 도와주지 못하게 될까 봐 그러네."

장마철이 시작되던 때에 매우 나이가 많은 한 노인이 정원에서 구덩이를 파고 있었다.

"무얼 하고 계십니까?" 그의 이웃이 물었다.

"망고나무를 심고 있는 거라오."

"그 나무에서 망고를 따 잡수시게 되길 바라시나요?"

"아니오, 난 그렇게 오래 살지는 못할 거요. 하지만 다른 사람들이 따게 되겠지요. 요즘 어느 날 문득 이런 생각이 들더군요. 나는 평생 다른 사람들이 심은 나무에서 망고를 따 먹으며 즐기기만 해 왔다고 말입니다. 이건 내 나름으로 그분들한테 나의 감사하는 마음을 보여 주는 방법이라오."

디오게네스가 하루는 어느 길모퉁이에 서서 정신 나간 사람처럼 웃고 있었다.
 "뭣 때문에 웃고 있소?" 지나가던 사람이 물었다.
 "저 길 한가운데 있는 저 돌이 보이오? 내가 오늘 아침에 여기 온 후로 열 사람이 거기 걸려 넘어졌고 그걸 저주했지요.
 그러나 그들 중에서 다른 사람들이 넘어지지 않도록 그 돌을 치워 놓는 수고를 하는 사람이라고는 아무도 없더라고요."

한 구루가 제자들에게 언제 밤이 끝나고 날이 새었는지 밤낮이 바뀌는 때를 어떻게 분간할 수 있느냐고 물었다.
 "멀리서 한 짐승을 보고 그게 소인지 말인지를 분간할 수 있게 되는 그때지요." 한 제자가 말했다.
 "아니다."
 "멀리 서 있는 나무를 보고 멀구슬나무인지 망고나무인지를 알 수 있게 되는 그때지요." 다른 한 제자가 말했다.
 "또 틀렸다."
 "글쎄요, 그렇다면 그게 언제입니까?" 제자들이 물었다.

"어떤 남자의 얼굴을 들여다보든 그 남자 안에서 형제를 알아보게 되는 그때, 어떤 여자의 얼굴을 들여다보든 그 여자 안에서 자매를 알아보게 되는 그때다. 너희들이 이것을 할 수가 없다면, 아무리 해가 중천에 뜬 때라 하더라도 그때는 아직도 밤이다."

유명한 수필가 찰스 램한테 한 친구가 와서 말했다.
"자네를 아무개 씨한테 소개하고 싶네."
"고맙지만 싫으이. 난 그 사람을 좋아하지 않는다네."
"하지만 자넨 그 사람을 알지조차 못하잖은가!"
"모르는 사람인 줄 알고 있네. 그래서 싫다는 말일세."

"사람들에 관해서라면, 난 내가 뭘 좋아하는지 알고 있지."
"자네가 알고 있는 걸 좋아한다는 말이로군!"

매주 안식일 밤에 랍비가 사라지는 것을 보자 회중은 호기심이 생겼다. 그들은 그가 전능하신 분을 은밀히 만나고 있다고 짐작하고서 교인들 중 하나한테 그를 뒤따라 가 보는 일을 맡겼다.
그 사람이 보니 랍비는 농부 옷으로 변장하고서 어떤 중풍 들린 이방인 여인의 오두막에 가서 방을 치우고 그 여인을 위해 안식일 음식을 장만하며 시중을 들고 있었다.

그 사람이 회중에게 돌아왔을 때 그들이 물었다.
"랍비께서 어디를 가십디까? 하늘로 올라가시던가요?"
"아니오" 하고 그 사람은 대답했다.
"더 높은 데로 가십디다."

인도의 마지막 총독 마운트배튼 백작이 자기 조카인 필립 왕자가 엘리자베스 공주와 약혼했다고 전하자, 마하트마 간디가 말했다.
"조카가 미래의 여왕과 결혼을 하게 되었다니 매우 기쁩니다. 결혼 선물로 뭔가 드리고 싶은데, 무얼 드릴 수 있을지요? 저는 아무것도 가진 게 없습니다."
"물레가 있지 않습니까? 그걸 돌려서 뭔가를 짜 주시지요."
간디는 그들을 위해서 식탁보를 만들었고, 마운트배튼은 그것을 엘리자베스 공주에게 이런 메모와 함께 보냈다.
"이것은 대관식 때 쓸 보석들과 함께 넣고 잠가 두시오."
"… 왜냐하면 이런 말을 한 사람이 짠 것이니까 ―
'영국은 친구로서 떠나가야 한다' 고."

어떤 노인 수피 교도가 온갖 자질구레한 잡화들을 팔아서 생계를 이어가고 있었다.
그는 아무 판단력도 없는 것처럼 보였다. 사람들이 자주 못 쓰게 된 동전을 내어도 한 마디 항의조차 안 하고 받거나 또는 돈을 내지 않고 냈다고 주장해도 그 말을 그대로 받아들였기 때문이다.

죽을 때가 되자 그는 하늘을 향해 눈을 들며 말했다.
"아, 알라시여!
저는 사람들한테 못 쓰는 동전들을 많이 받았지만, 한번도 마음속에서 그들을 판단하지 않았습니다. 그저 그들이 무엇을 하는지를 알아차리지 못하고 있다고 생각했습니다.
저 역시 못 쓰는 동전입니다.
저를 판단하지 말아 주십시오."
그러자 한 목소리가 말하는 것이 들렸다.
"다른 사람을 판단하지 않은 사람을 어찌 판단할 수 있겠느냐?"

사랑 어린 행동을 할 수 있는 사람은 많다.
사랑 어린 생각을 하는 사람은 드물다.

온 가족이 모인 저녁 식사 때에 큰아들이 길 건너 사는 여자와 결혼하겠다고 발표했다.
"하지만 그앤 물려받은 유산이라곤 한 푼도 없어." 아버지가 반대했다.
"제가 벌어서 저금한 것도 없고." 어머니가 맞장구를 쳤다.
"그 여자는 축구에 대해서 아는 게 하나도 없어." 남동생이 말했다.
"그렇게 우스운 머리 모양을 하고 다니는 여자는 이제껏 못 봤어." 누이동생이 말했다.

"그 처녀가 읽는다는 책은 늘 소설뿐이더군." 삼촌이 말했다.

"여자가 옷도 어쩌면 그렇게 못 골라 입는지, 원!" 아주머니가 말했다.

"그애는 밀가루와 물감을 아껴 쓰질 않더구나." 할머니가 말했다.

"모두 다 사실이에요." 큰아들은 말했다.

"그런데 그 여자에게는 그래도 우리들 모두보다 뛰어나게 유리한 점이 하나 있어요."

"그게 뭔데?" 모두들 알고 싶어 했다.

"가족이 아무도 없지요!"

아나스타시우스 아빠스는 매우 좋은 양피지로 된 20펜스짜리 성경책을 하나 갖고 있었는데, 구약과 신약 성서가 둘 다 완전하게 들어 있었다.

한번은 어떤 수사가 그를 찾아왔다가 그 책을 보고는 가지고 달아났다. 그래서 그날 아나스타시우스가 성서를 읽으려다가 그 책이 없어진 것을 알았고, 즉시 그 수사가 그걸 가져갔음을 알아차렸다.

그러나 그는 그를 뒤쫓게 하지 않았다. 그가 절도죄에다 위증죄까지 더하게 될까 봐 염려했기 때문이다.

그런데 그 수사는 그 책을 팔러 도시로 들어갔다. 그는 책값으로 18펜스를 요구했다. 사는 사람은 말했다.

"그 책을 주시오. 그 정도 값이 나가는지 먼저 알아보겠소."

그 사람은 책을 가지고 아나스타시우스에게 가서 말했다.

"사부님, 이걸 한번 보시고 이게 18펜스 값어치가 있다고 생각하시는지 말씀해 주십시오."

아나스타시우스는 말했다.

"예, 좋은 책이오. 18펜스면 싸게 사는 것이오."

그래서 그 사람은 수사에게 돌아가서 말했다.

"여기 돈이 있소. 아나스타시우스 사부님께 보여 드렸더니 18펜스 가치가 있다고 하십디다."

수사는 간담이 서늘해졌다.

"그 말씀이 모두였나요? 그 밖에 아무 다른 말씀은 안 하시고?"

"아니, 그 말씀 외에는 한 마디도 더 안 하시던데요."

"저, 난 마음을 바꿨어요. 그 책을 팔고 싶지 않습니다."

그러고서 수사는 아나스타시우스에게 돌아가서 눈물을 흘리며 그 책을 도로 받아 달라고 간청했다. 그러나 아나스타시우스는 부드럽게 말했다.

"아닐세, 형제. 그냥 지니게. 선물로 주겠네."

그러나 수사는 말했다.

"돌려받지 않으시면 저는 마음이 편치 않을 것입니다."

그 후로 그 수사는 여생을 아나스타시우스와 더불어 살았다.

지도꾼는 뛰어난 시인이었는데 선禪을 공부하기로 작심했다. 그래서 교토에 있는 에께이 선사와 만날 약속을 했다.

그는 잔뜩 기대를 품고 스승을 찾아갔는데 들어서자마자 한 대 얼어맞았다. 그는 충격을 받았고 자존심이 상했다. 일찍이 그 누구도 감히 자기를 때린 적이 없었다. 그러나 스승이 하라고 하기 전에는 절대로 어떤 말이나 행동을 하지 않는 것이 선의 엄격한 규율이었기에, 그는 조용히 걸어 나왔다.

지도꾸는 에께이 선사의 수제자인 도꾸온이 사는 곳으로 찾아가서 그 이야기를 모두 하고서, 그 스승에게 결투를 청할 마음이 있다는 말도 했다.

"스승께선 친절을 베푸신 것입니다" 하고 도꾸온은 말했다.

"좌선 수행에 전력을 다하십시오. 그러면 그걸 스스로 보시게 될 것입니다."

그게 바로 지도꾸가 한 일이었다. 사흘 밤낮 동안 어찌나 맹렬히 노력했던지 그는 자기가 상상할 수 있는 경지를 훨씬 초월한 어떤 무아지경의 깨달음을 얻었다. 그의 이러한 견성見性은 에께이한테 인정을 받았다.

다시 한 번 지도꾸는 도꾸온을 찾아가 감사하며 말했다.

"훌륭하신 충고가 없었더라면 저는 결코 이렇듯 딴사람이 되는 체험을 못했을 것입니다. 그리고 스승에 대해서도 그분의 매가 오히려 충분히 모질지 않았다는 것을 이제 알겠습니다!"

무소夢窓疎石는 당대에 가장 저명한 스승의 하나였는데, 한 제자와 함께 여행을 하고 있었다.

그들은 강가에 이르러 나룻배에 올랐다.

배가 막 떠나려고 하는데 술 취한 사무라이 하나가 달려와서 초만원인 그 배에 뛰어오르는 바람에 배가 하마터면 가라앉을 뻔했다. 그러고는 사무라이가 비틀거리며 난폭하게 돌아다니면서 별로 튼튼하지도 못한 그 배의 안전을 위험하게 만들자 뱃사공이 제발 좀 가만히 있어 달라고 간청했다.

"이거 어디 비좁고 숨막혀서 견딜 수가 있나 말야!" 하고 사무라이가 떠들썩하게 말했다.

그러다가 갑자기 그는 무소를 보자 외쳤다.

"이봐! 저 거룩한 자를 물속으로 내던져 버리자고!"

"참으십시오" 하고 무소가 말했다.

"곧 건너가게 될 것입니다."

"뭐라고? 나더러 참으라고?" 그는 난폭하게 외쳤다.

"이봐! 네가 뛰어내리지 않으면, 내가 당장 물속으로 집어 던져 버릴 거야!"

스승이 이런 위협을 받고도 태연자약한 태도를 취하고 있자 사무라이는 몹시 약이 올랐다. 그래서 무소에게 다가가 얼굴을 때려 피가 나게 했다.

제자는 참을 만큼 참았다. 그는 권력이 있는 사람이었기에 말했다.

"저자가 이런 행동을 했으니 살려 두지 않겠습니다."

"사소한 일로 왜 그리 마음이 어지러워지나?" 무소는 미소를 지으며 말했다.

"이런 경우에야말로 우리의 훈련이 시험을 받게 되는 것일세. 인내란 한낱 단어에 그치는 것이 아님을 명심해야 하네."

그러고서 그는 다음과 같은 짧은 시를 지어 읊었다.

때리는 자와 맞는 자
꿈처럼 짧은 연극 속의
배우들에 불과하도다.

미친 사람 일곱이 이웃 마을 축제 행사에 초대를 받았다. 그들이 살짝 과하게 취해서, 밤중에 자기 마을을 향해 비틀거리며 집으로 가고 있을 때 비가 내리기 시작했다.

그래서 그들은 그 밤을 지내려고 커다란 바얀나무 밑에 자리를 잡았다.

다음 날 아침에 잠이 깨었을 때, 그들의 울부짖는 신음 소리가 하늘을 찔렀다.

"무슨 일이오?" 하고 지나가던 사람이 물었다.

"어젯밤에 우리는 이 나무 밑에 한데 웅크리고 잠이 들었습니다, 나으리" 하고 그 미친 사람 중 하나가 말했다.

"오늘 아침에 일어나 보니 우리 팔다리가 온통 뒤얽혀 있어서 누가 주인인지를 분간할 수가 없게 되었어요."

"쉽게 해결됩니다" 하고 그 나그네가 말했다.

"핀을 하나 주시오."

나그네는 그 핀으로 자기가 본 첫째 다리를 꾹 찔렀다.

"아얏!" 하고 그 사람들 가운데 하나가 비명을 질렀다.

"거기 있소" 하고 나그네가 그 사람에게 말했다.

"그 다리가 당신 것이오."

그러고서 그는 또 팔 하나를 따끔하게 찔렀다.

"아얏!" 하면서 다른 사람이 그 팔의 주인이 자기라는 것을 밝혔다.

그런 식으로 나그네는 모든 팔다리가 풀리게 될 때까지 계속했고, 그 미친 사람들은 그런 일을 겪고도 끄떡없이 자기네 마을로 즐겁게 돌아갔다.

당신의 마음이 다른 사람들의 기쁨과 슬픔에
본능적으로 반응을 보일 때,
당신은 자신이 자기를 잃고서 인류와 "한몸이 되는"
바로 그 체험을 하게 되었다는 것을
그리고 사랑이 마침내 자리하게 되었다는 것을 알게 될 것이다.

개구리의 기도 1

진 리

진리는 무슨 문구에서 찾아지는 것이 아니고 …

어떤 사람이 식당에서 친구와 함께 차를 마시고 있었다.

그는 자기 컵을 한참 열심히 바라보고 있더니 체념하는 한숨을 쉬면서 말했다.

"아, 여보게. 인생이란 차 한 잔과도 같네."

다른 사람이 이 말을 깊이 생각하면서 자기 컵을 한참 열심히 바라보고 나더니 물었다.

"왜? 왜 인생이 차 한 잔과 같지?"

"그 이유야 내가 어떻게 알겠나? 내가 지성인인가?"

… 또는 숫자에서 찾아지는 것도 아니고 …

"피고" 하고 판사가 말했다.

"피고는 23개의 소송 사유로 유죄임을 판정합니다. 따라서 피고에게 총 175년 징역을 선고합니다."

죄수는 노인이었고, 울음을 터뜨렸다.

판사의 표정이 부드러워졌다.

"당신을 엄하게 다스리려는 건 아닙니다" 하고 그는 말했다.

"내가 부과한 형이 매우 가혹한 형인 것은 알고 있습니다. 그러나 당신은 그 형기를 다 살 필요는 없습니다."

죄수의 눈이 희망으로 빛났다.

"그렇습니다" 하고 판사가 말했다.
"당신이 복역할 수 있는 만큼만 하십시오!"

어떤 주교가 사제관 가정부는 적어도 50세는 되어야 한다고 발표했다. 그리고 그는 교구를 순방하다가 25세 된 가정부 두 사람을 두고는 그 규칙을 지키고 있다고 생각하는 한 사제를 발견하고서 깜짝 놀랐다.

··· 이름에서 찾아지는 것도 아니고 ···

첫아이의 이름을 지을 때가 되자, 어떤 부부가 말다툼을 하기 시작했다. 아내는 자기 아버지의 이름을 따서 짓고 싶어 했고 남편은 자기 아버지의 이름을 따서 짓고 싶어 했다. 그들은 결국 랍비에게 가서 말다툼을 해결해 줄 것을 부탁했다.
"부친의 성함이 무엇이오?" 하고 랍비가 남편에게 물었다.
"아비쟈입니다."
"그리고 부인 부친의 성함은?" 하고 아내에게 물었다.
"아비쟈입니다."
"그렇다면 뭐가 문제요?" 하고 어리둥절해진 랍비가 물었다.
"있잖아요, 랍비님" 하고 부인이 말했다.
"제 아버지는 학자이셨고 저이 아버님은 말도둑이셨어요. 어떻게 아들 이름을 그런 사람 이름을 따서 지을 수 있겠어요?"

듣고 보니 과연 미묘한 문제였기에 랍비는 매우 진지하게 생각했다. 한편은 이겼다고 느끼고 다른 한편은 졌다고 느끼게 하고 싶지 않았기 때문이다. 그래서 마침내 말했다.
　"이렇게 제안하고 싶소. 그 아이를 아비쟈라고 부르기로 하고서, 학자가 되는지 말도둑이 되는지 두고 보시오. 그러면 그 아이가 누구의 이름을 땄는지 알게 될 거요."

… 또는 상징에서 찾아지는 것도 아니고 …

"자네 자전거를 팔았다더군."
　"팔았지."
　"얼마 받고 팔았나?"
　"30달러."
　"적당한 값이구먼."
　"그래. 하지만 그 사람이 돈을 안 주려는 걸 알았더라면 두 배로 부를 걸 그랬어."

… 이론에서 찾아지는 것도 아니고 …

동기부여 세미나에서 방금 돌아온 한 지배인이 고용인 하나를 자기 사무실로 불러 말했다.

"이제부터는 자네가 스스로 일을 계획하고 통제하게 해 주겠네. 그게 생산성을 상당히 높여 줄 걸세. 난 확신한다네."

"그러면 봉급을 더 많이 받게 됩니까?" 하고 사원이 말했다.

"아니, 아니지. 돈은 동기부여 요소가 아니라네. 봉급 인상에서는 아무 충족감도 얻지 못하는 법이거든."

"그럼, 생산량이 증가된다면, 봉급을 더 받게 될까요?"

"여보게, 자넨 동기부여 이론을 이해하지 못하는 게 분명하군. 이 책을 집에 가지고 가서 읽어 보게나. 거기 진정으로 동기를 부여하는 게 무엇인지 설명되어 있다네."

그 사원은 나가다가 멈추어 서더니 물었다.

"제가 이 책을 읽으면, 봉급을 더 많이 받게 됩니까?"

어떤 부부가 세 살 난 아들이 새로 태어난 아가한테 질투심을 느끼는 것을 보고 어떻게 해 주어야 좋을지 몰랐다. 그들은 어린이 심리에 대한 책을 읽고 나서 깨달았다.

꼬마가 별나게 기분이 나빠져 있던 어느 날, 어머니가 말했다.

"이 아기 곰을 가지렴, 애야. 그리고 네가 아가야한테 어떻게 느끼는지를 엄마한테 보여 주렴."

그 책에 따르면, 그는 그 장난감 곰을 때리고 짓누르게 되어 있었다. 그러나 그 세 살바기는 무척 기뻐하면서 그 곰의 다리를 붙잡더니, 아기한테로 다가가 그걸로 아기의 머리를 때려 주었다.

… 또는 말에서 찾아지는 것도 아니고 …

"나는 영성을 배우기를 간절히 바라네" 하고 한 이웃 사람이 물라 나스룻딘에게 말했다.

"우리 집에 와서 설명을 좀 해 주겠나?"

나스룻딘은 그 일을 거절했다. 그 사람이 보통 넘게 지성이 반짝인다는 것을 알았지만, 또한 신비란 것이 입으로 말을 해서 남에게 전해질 수 있는 줄로 잘못 생각하고 있다는 것도 알고 있었기에.

며칠 후에 그 이웃 사람이 지붕 위에서 외쳤다.

"물라, 내가 불을 지피고 있는데 자네 도움이 필요하네. 장작들이 타다 말고 자꾸만 꺼져 버리는걸."

"돕고말고" 하고 나스룻딘이 말했다.

"내 입김을 자네 마음대로 써도 좋으니 우리 집에 와서 가져갈 수 있는 만큼 가져다 쓰게나."

어떤 지휘자가 자기 오케스트라단을 데리고 연습을 하다가 트럼펫 연주자에게 말했다.

"이 부분에서는 좀 더 와그너풍의 접근을 요한다고 봅니다. 내 말이 무슨 뜻인지 알겠는지요. 뭔가 좀 더 단호하게, 말하자면 좀 더 두드러지게 말예요, 좀 더 입체감 있게, 좀 더 깊이 있고, 좀 더 …"

트럼펫 연주자가 가로막았다.

"더 큰 소리가 나게 불기를 원하십니까, 선생님?"

이것이 고작 그 가엾은 지휘자가 할 수 있는 말의 전부였다.
"그렇지요, 바로 그 말입니다."

··· 표어에서 찾아지는 것도 아니고 ···

어느 종교 단체가 그 숱한 회의들을 할 때면, 로비 벽에다가 좌우명을 크게 써 붙여 놓은 어느 호텔에서 하는 관례가 있었다.
"문제란 없다 ― 기회가 있을 뿐."
한 남자가 호텔 안내 데스크에 와서 말했다.
"미안하지만 문제가 있는데요."
안내 사원이 미소를 지으며 말했다.
"여기서는 문제란 없습니다, 선생님. 기회가 있을 뿐입니다."
"그걸 문제라고 하든 기회라고 하든 마음대로 하시오" 하고 그 남자는 짜증이 나서 말했다.
"나한테 배정된 방 안에 웬 부인이 있단 말이오!"

··· 딱지에서 찾아지는 것도 아니고 ···

한 영국인이 이민을 가서 미국 시민이 되었다. 그가 휴가차 영국에 돌아갔을 때 한 친척이 국적을 바꾼 일을 책망했다.

"그래, 미국 시민이 되어서 이익을 본 게 뭔가?"
"글쎄요, 한 가지, 미국 독립전쟁에서 이겼지요."

… 협정에서 찾아지는 것도 아니고 …

러시아와 핀란드의 국경선이 다시 그어졌을 때, 한 농부가 자기 땅 바로 한가운데로 그 국경선이 지나가게 된다는 통보를 받았다. 따라서 그는 자기 땅을 러시아나 핀란드에 속하게 할 선택권이 있다는 것이었다.

그는 이 문제를 신중하게 생각해 보겠다고 약속했다. 그리고 몇 주일 후에 자기는 핀란드에 살고 싶다고 선언했다. 화가 난 러시아 관리들이 밀어닥쳐, 핀란드가 아니라 러시아에 속함으로써 얻는 이익들을 설명해 주었는데—

그 사람은 그들의 이야기를 듣고 나서 말했다.

"저도 그 말씀에 전적으로 동의합니다. 사실 러시아에서 사는 게 늘 제 소원이었지요. 하지만 이 나이로는 도저히 그 러시아 겨울을 또 한 번 견디어 낼 수가 없을 것 같군요."

… 혹은 분석에서 찾아지는 것도 아니고 …

철학박사 과정을 밟는 남편이 얼마나 열심히 공부하는지를 아내가 비로소 깨닫게 된 것은 이렇게 묻던 날이었다.

"당신은 왜 나를 그토록 사랑하세요?"
총알처럼 빨리 대답이 나왔다.
"그 '그토록'이라는 말은 강도를 말하는 거요, 아니면 깊이, 빈도, 질 또는 지속성을 말하는 거요?"

장미 꽃잎을 잘게 잘라서
장미의 아름다움을 모은 사람은 없다.

… 통계에서 일반적으로 찾아지는 것도 아니고 …

나스룻딘이 자기 식당에서 닭고기 커틀릿에다 말고기를 섞어 팔고 있다는 죄로 잡혀서 법정에 끌려갔다.
　선고에 앞서 재판관은 그가 어떤 비율로 닭고기에다 말고기를 섞고 있는지 물었다.
　나스룻딘은 선서를 하고 나서 말했다.
　"50 대 50으로 섞었습니다, 재판장님."
　재판이 끝난 다음에 한 친구가 "50 대 50"이 정확히 무슨 뜻인지를 물었다.
　나스룻딘이 말했다.
　"말 한 마리에 닭 한 마리."

벌채 일꾼 백 명이 한 조를 이루어 숲에서 6개월 동안 벌목을 하게 되었는데, 두 여인이 그들을 위해서 식사와 빨래를 했다. 그 기간이 끝날 때 그 남자들 중 두 사람이 그 두 여인과 결혼했다.

   그 지방 신문이 보도한 것은 그 남자들 중 2%가 그 여자들 100%와 결혼했다는 것이었다.

··· 논리에서 찾아지는 것도 아니며 ···

덩치 큰 한 사나이가 밤 열 시가 되자 바에서 떠나려고 일어서고 있었다.

   "왜 이렇게 일찍요?" 하고 바텐더가 물었다.

   "아내 때문이지."

   "그러고 보니 선생님 같은 분도 부인을 무서워하시는군요! 선생님은 사나이신가요 아니면 생쥐신가요?"

   "한 가지는 내가 확실히 장담을 하지 ─ 난 생쥐는 아니라고. 내 아내는 생쥐를 무서워하거든."

파리의 한 철학 교수가 하루는 세계에서 가장 위대한 사람이라고 자처하며 다음과 같은 양식으로 학생들에게 그것을 증명해 나갔다.

   "지상에서 가장 위대한 나라가 어느 나라입니까?"

"물론 프랑스입니다." 학생들은 모두 선언했다.

"그리고 프랑스에서 가장 위대한 도시는 어디입니까?"

"분명 파리이지요."

"그리고 온 파리에서 가장 위대하고 거룩한 장소는 그곳의 대학이 아닙니까? 그리고 그 어떤 대학에서나 가장 위대하고 가장 고상한 학과가 철학과라는 것을 누가 의심할 수 있겠습니까? 그런데 그 철학과의 학과장이 누군지 말해 보십시오."

"교수님이십니다." 학생들은 일제히 합창을 했다.

의사: "그 다리의 통증은 연세가 많으셔서 그런 겁니다."
환자: "누굴 바보로 알아요? 다른 다리도 똑같은 나이라고요."

… 또는 추상화에서 찾아지는 것도 아니다.

한 제자가 호겐 선사에게 말했다.

"먼젓번 스승과 공부하고 있을 때 저는 선禪이란 도대체 무엇인지에 대해서 어느 정도 통찰을 얻었습니다."

"그래, 자네가 얻은 그 통찰이란 게 어떤 것인가?"

"제가 그 스승께 누가 부처냐고 여쭈었을 때 — 그 질문에서 부처란 물론 실재를 뜻했지요 —, 스승께서 '핑팅이 불을 가지러 오는구나' 하고 말씀하셨습니다."

"훌륭한 대답이었구나" 하고 호겐이 말했다.

"하지만 자네가 그걸 잘못 이해했을지도 모르지. 그분 말씀을 어떻게 알아들었는지 어디 말해 보게."

"그러지요. 핑팅은 불의 신입니다. 그러고 보면 불의 신이 불을 가지러 온다고 말한다는 것이나 자신의 참 본성이 정말로 부처인 제가 부처는 누구냐고 묻는다는 것이나 터무니없는 일이기는 마찬가지이지요. 비록 의식하고 있지는 않다고 하더라도 어떻게 실제로 자신이 부처인 자가 그 부처에 관한 질문을 만들어 낼 수가 있겠습니까?"

"아하!" 하고 호겐이 말했다.

"역시 우려했던 바로 그대로군! 자넨 과녁에서 완전히 빗나갔어. 이제 나한테 묻게나."

"좋습니다. 누가 부처입니까?"

"핑팅이 불을 가지러 오는구나" 하고 호겐은 말했다.

위대한 현자가 한번은 궁중 관리를 초대해서 차를 대접했다. 관례적인 인사가 끝난 후에, 그 관리가 말했다.

"이처럼 위대하신 스승 앞에서 시간을 보낼 수 있는 기회를 허비하고 싶지 않습니다. 사람들이 말하기를, 우리가 일상생활 속에 그것을 가지고 있음에도 불구하고 우리는 그것을 보지 못한다고 할 때 그게 무슨 뜻인지 말씀해 주십시오."

선사는 그에게 과자 한 쪽을 권했다. 그런 다음 차를 따라 주었다.

관리는 먹고 마신 다음에 스승이 자기의 첫 질문을 못 들었다고 생각하고서 그 질문을 반복했다.

"예, 물론 들었지요" 하고 스승은 말했다.

"이게 바로 그 뜻입니다. 우리는 우리가 그걸 우리 일상생활 속에 갖고 있건만 우리는 그걸 보지 못한다는 말입니다."

아는 사람은 말하지 않고
말하는 사람은 알지 못한다.
지혜로운 사람은 그러기에 침묵을 지키고
영리한 사람은 이야기하고
어리석은 사람은 논쟁한다.

진리는 바꿔 말하는 길이 있다.

한 승객이 거대한 대서양 정기선 갑판 사이에서 완전히 길을 잃고는 결국 한 안내원한테 자기 선실을 찾게 도와 달라고 부탁했다.

"손님 선실의 번호가 몇 번입니까?" 하고 안내원이 물었다.

"번호는 모르겠는데, 하지만 가 보면 곧 알 수 있어요. 선실 창문에서 등대가 내다보이니까요."

재판관: 몇 살입니까?

죄수: 스물둘입니다, 재판관님.

재판관: 그건 당신이 지난 10년 동안 우리한테 해 온 말이오.

죄수: 맞습니다, 재판관님. 저는 오늘은 이렇게 말하고 내일은 저렇게 말하는 그런 사람이 아닙니다.

늙은 여배우: 나는 정말 내 나이를 몰라요.
매 순간 계속 바뀌고 있거든요.

진리는 상대적일 수도 있다.

한 미국인 관광객이 처음으로 외국 여행을 하고 있었다.
첫 번 외국 공항에 도착했을 때 그는 "내국인"과 '외국인'이라고 표시된 두 통로 사이에서 하나를 선택해야 했다.
그는 재빨리 첫째 통로로 걸어갔다.
나중에 다른 줄에 서야 한다는 말을 듣자 그는 항의했다.
"나는 외국인이 아닙니다. 미국인이에요!"

영국 극작가 오스카 와일드가 한 연극의 첫 공연이 완전히 실패인 것을 확인하고는 밤늦게 클럽에 돌아왔을 때 누군가가 물었다.

"오늘 밤 자네 연극은 어땠나, 오스카?"
"아" 하고 와일드는 말했다.
"연극은 대성공이었지. 관객은 실패였고."

진리는 구체적이지만 …

어떤 스님이 한번은 후께쓰에게 말했다.
"전에 이런 말씀을 하시는 걸 듣고 혼동된 적이 있었는데요, 진리는 이야기하지 않고서도 또 침묵을 지키지 않고서도 전달될 수 있다고 하셨지요.
좀 설명해 주실 수 있습니까?"
후께쓰는 대답했다.
"내가 청년 시절에 중국 남부에 있었을 때 일인데, 아! 봄에 꽃들 속에서 새들이 얼마나 즐겁게 노래를 부르던지요!"

나는 생각한다.
따라서 나는 의식하지 못한다.
생각하는 그 순간
나는 수상이라는 또는 과거나 미래라는
실제가 아닌 세계 속에서 살고 있다.

… 그러나 헤아릴 수가 없다 …

어떤 개구리가 평생을 한 우물 안에서 살았다. 어느 날 그는 거기 다른 개구리가 있는 것을 보고 깜짝 놀랐다.

"너 어디서 왔니?"

"바다에서. 거기가 내가 사는 데야."

"그 바다란 게 무엇처럼 생겼니? 이 우물만큼 크니?"

바다 개구리가 웃었다.

"비교도 안 돼."

우물 개구리는 자기 손님이 바다에 대해서 이야기하는 것에 관심이 있는 척했다. 그러나 그는 생각했다.

"내 평생 알게 된 모든 거짓말쟁이 중에서 이 친구가 가장 큰 거짓말쟁이인 게 분명해 — 또 가장 뻔뻔스럽고!"

우물 안 개구리에게
어떻게 바다에 대해서 말할 수 있을까,
또는 관념론자에게
어떻게 실재에 관해서?

진리란 정녕 당신이 행하는 그 무엇이다.

바알 쉠의 제자들이 한번은 물었다.
"랍비님, 우리가 어떻게 신을 섬겨야 할지 말씀해 주십시오."
"내가 어떻게 알겠나?"
그는 이렇게 대답하고는 다음 이야기를 해 주었다.
어떤 왕에게 두 친구가 있었는데 죄를 지어 사형선고를 받았다. 왕은 그들을 사랑했지만, 백성들에게 나쁜 본보기를 보이게 될까 봐 공공연히 석방할 용기가 없었다. 그래서 매우 깊은 구렁을 가로질러 줄을 하나 팽팽하게 매 놓고서 두 사람이 각각 그 위를 걸어 건너가게 하라는 판결을 내렸다 — 안전하게 건너면 자유롭게 될 것이고, 떨어지면 죽게 될 것이었다.
두 사람 중 첫째는 무사히 건너갔다. 다른 사람이 그 깊은 구렁을 건너간 첫 사람에게 외쳤다.
"여보게, 어떻게 그걸 해냈나 말해 주게."
첫 사람이 외쳤다.
"난들 어떻게 알겠나? 그저 한쪽으로 기울어졌다 싶으면 다른 쪽으로 몸을 기울이고 그랬을 뿐이야."

자전거 타기를 교실에서 배우지는 않는다.

어린 아들이 전기 기사인 아버지에게 물었다.
"전기라는 게 정확히 말해서 뭐예요?"
"나도 정말로 모른단다, 얘야.
하지만 난 그게 너에게 빛을 주게 할 수는 있지."

어떤 사람이 바야지드에게 제자로 받아 달라고 청했다.
"자네가 찾는 것이 **진리**라면" 하고 바야지드는 말했다.
"수행해야 할 요구 사항들과 이행해야 할 의무들이 있다네."
"그게 무엇입니까?"
"물을 긷고 장작을 패고 집안 청소와 요리를 해야 할 걸세."
"저는 일자리가 아니라 **진리**를 찾고 있습니다" 하면서 그 사람은 떠나갔다.

랍비 목쉐가 죽은 지 얼마 안 되어
코틱의 랍비 멘델이 그의 한 제자에게 물었다.
"자네 스승이 제일 중요하게 여기신 것이 무엇인가?"
제자는 잠시 생각하더니 말했다.
"어떤 일을 하게 되든지 간에 바로 그 순간에 하는 것입니다."

진리는 침묵 속에서 제일 잘 표현되고 …

보리달마菩提達磨는 선종禪宗을 창시한 교조다. 그는 불교를 인도에서 중국으로 가져온 사람이었다. 집으로 돌아가기로 결정했을 때, 그는 자기 뒤를 이을 사람을 지명할 수 있도록 중국 제자들을 주위에 불러 모았다. 그는 그들의 지각 능력을 시험하기 위해서 각자에게 이 질문을 했다.

"진리가 무엇이냐?"

"진리는 긍정과 부정을 초월해 있는 것입니다" 하고 도후쿠가 말했다.

달마는 말했다.

"너는 내 살갗을 지녔다."

"아난다가 부처님의 땅을 본 것처럼 — 찰나에 문득 한 번이자 영원토록 보게 되는 것입니다" 하고 여승 소지가 말했다.

달마는 말했다.

"너는 내 살을 지녔다."

"바람, 물, 땅 그리고 불의 네 요소는 비어 있습니다. 진리는 비非실재입니다" 하고 도후쿠가 말했다.

달마는 대답했다.

"너는 내 뼈를 지녔다."

끝으로 스승이 에카를 바라보자 그는 허리 굽혀 절하며 미소를 짓고서 묵묵히 있었다.

달마는 말했다.

"너는 내 골수를 지녔다."

선종의 5대 교조인 홍준이 후계자로 500명의 스님 가운데 휘넹을 선택했는데, 이유를 물었을 때 그는 대답했다.

"다른 499명은 불교를 완전히 파악하고 있음을 보여 주었다. 휘넹만이 거기에 대한 이해가 도무지 없었다. 그는 보통 수준으로는 측정할 수 없는 종류의 사람이다. 그래서 그에게는 진정한 전수傳授가 가능했다."

… 그리고 인간 정신의 저 가장 만만찮은 성취를 요구한다 — 즉, 열린 마음과 …

이것은 뉴멕시코가 미국의 일부가 되었을 때 그 새 주州에서 첫 법정이 열렸을 때의 이야기인데, 재판을 하던 판사는 마음이 굳어진 노장 카우보이이자 인디언 투사였다.

그가 판사석에 앉고 재판이 개시되자, 어떤 사람이 말도둑으로 고발되었다. 검사의 논고가 있었고, 원고와 그의 증인들의 정식 증언이 있었다.

그러자 피고의 변호사가 일어나 말했다.

"재판장님, 이번에는 제가 그 사건에 대해서 제 변호 의뢰인의 입장을 이야기하고 싶습니다."

판사가 말했다.

"앉으십시오. 그런 것은 필요없겠습니다. 배심원들을 혼동시키기만 할 테니까요."

시계가 하나 있으면 시각을 안다.
시계가 둘 있으면 시각이 확실하지 않다.

… 그리고 대담한 마음을.

구도자의 가슴속에서 두드리는 소리가 크게 났다.
 "게 누구냐?" 하고 놀란 구도자가 말했다.
 "나다, **진리**다" 하고 대답이 들렸다.
 "웃기지 마라" 하고 구도자가 말했다.
 "진리는 침묵 속에서 말하는 법이다."
 그 말이 그 두드리는 소리를 효과적으로 멈추게 했고 —
구도자는 마음을 푹 놓게 되었다.
 그는 그 두드리는 소리가 바로 겁이 나서 가슴이 뛰기 때문에 나는 소리라는 것을 알지 못했던 것이다.

우리를 자유롭게 해 주는 진리는 대개 언제나
우리가 차라리 듣지 않으려는 바로 그 진리다.
그래서 무엇이 사실이 아니라고 말할 때
우리 모두는 너무도 자주 이런 뜻으로 말하는 것이다.
"나는 그걸 좋아하지 않는다."

진리의 선명함은 예의로 흐려질 필요가 없으며 …

어떤 중국 출판사가 저자에게 원고를 돌려보내며 쓴 거절 편지.

"귀하의 원고를 예외적으로 재미있게 읽었습니다.
그러나 우리가 귀하의 탁월한 작품을 발간하면
다시는 그런 수준에 달하는 작품을 발행할 수 없게 될까 봐
두렵습니다.
또 앞으로 백 년 안에 어떤 다른 작품이
그만한 수준에 이를지 상상할 수가 없습니다.
그러므로 깊은 유감의 뜻을 전하면서 우리는
귀하의 놀라운 작품을 돌려드리지 않을 수 없게 되었습니다.
우리의 좁은 소견과 소심함을 용서해 주시기를 수없이 비옵니다."

… 문화적 표현 양식으로 흐려질 필요도 없다.

고전무용 학교에서 교습을 받던 한 미국 아가씨가 파트너를 리드하는 경향을 계속 보였다. 그래서 종종 이런 항의를 받았다.
"이봐요! 누가 리드를 하는 쪽이오? 당신이요 아니면 나요?"
하루는 그 아가씨의 파트너가 어떤 중국 청년이 되었는데, 그는 춤을 시작한 지 몇 분 후에 정중하게 속삭였다.
"춤추는 과정에서 숙녀는 그 쌍이 움직여야 할 방향에 대해 모든 선입견을 버리는 게 대개는 더 유리하지 않을까요?"

때로는 참말로써 진리가 숨겨지기도 하고 …

외판원 둘이 어떤 기차역 플랫폼에서 만났다.
 "안녕."
 "안녕."
 침묵.
 "어디로 떠나는 길인가?"
 "캘커타."
 침묵.
 "이봐! 자넨 캘커타로 간다고 말하면서 사실은 봄베이로 간다고 내가 생각하리라는 걸 알고 있지. 하지만 난 자네가 캘커타로 간다는 걸 알고 있단 말일세. 그러니 왜 사실대로 말하지 않나?"

… 때로는 거짓말로 진리가 드러나기도 하지만 …

어떤 취객이 거리를 돌아다니다가 시궁창에 빠졌다. 점점 깊이 빠져 들면서 그는 외치기 시작했다.
 "불이야, 불, 불!"
 행인 몇 사람이 외침을 듣고 달려왔다. 그를 시궁창에서 꺼낸 후, 불도 안 났는데 왜 "불이야!" 하고 외쳤느냐고 물었다.
 취객은 이런 고상한 대답을 했다.
 "내가 '똥이야!' 하고 외쳤더라면 당신들 중 누가 날 구하러 왔겠습니까?"

어떤 군인이 전쟁 중에 아버지의 임종 소식을 받고 급히 고향으로 돌아왔다. 홀아버지의 외아들이었기에 예외로 휴가가 허용되었던 것이다.

병원 중환자실을 들어서면서 문득 그는 산소 호흡기를 쓰고 반쯤 의식을 잃은 채로 누워 있는 노인이 자기 아버지가 아니라는 걸 알게 되었다. 누군가가 터무니없는 실수를 해서 엉뚱한 사람을 황급히 달려오게 했던 것이다.

"아무튼, 얼마나 더 사실 수 있겠습니까?" 하고 그는 의사에게 물어보았다.

"몇 시간 못 사실 겁니다. 아주 아슬아슬하게 도착하셨군요."

그 군인은 틀림없이 수천 마일 밖에서 싸우고 있을 이 죽어 가는 노인의 아들을 생각해 보았다. 그리고 죽기 전에 마지막으로 한번 아들과 함께 있으리라는 희망으로 삶에 매달려 있는 이 노인을 생각해 보았다.

그러고는 마음을 정했다. 그는 몸을 숙이고 노인의 손을 붙잡고서 부드럽게 말했다.

"아버지, 제가 여기 있어요. 제가 왔어요."

죽어 가던 그 노인은 자기에게 내민 손을 꼭 잡더니 보이지 않는 눈을 뜨고서 주위를 뚫어지게 바라보았다. 만족스런 미소가 얼굴에 번졌고, 한 시간쯤 후에 숨을 거둘 때까지 그대로 남아 있었다.

… 그러나 진리에는 항상 위험이 따르는 법이다.

작은 마을에서 교통사고가 났다. 사람들이 피해자를 둘러싸고 있어서 한 신문기자가 그를 볼 수 있을 만큼 다가갈 수가 없었다.
  그 기자는 좋은 생각이 떠올랐다.
  "피해자의 아버지입니다!" 하고 그는 외쳤다.
  "좀 지나가게 해 주세요."
  군중은 그를 지나가게 해 주었고, 그는 사고 현장 바로 앞에까지 갈 수 있었다.
  그러나 알고 보니 난처하게도, 그 희생자는 당나귀였다.